四川大学哲学社会科学出版基金资助

U0679460

符号与传媒
Semiotics & Media

馈赠现象涉及动机、情感、互惠、契约以及道德等范畴
囊括人类学、文化、社会、历史等领域
是一个万花筒一般的意义生成结构

Schenken: Zur Anthropologie des Gebens

馈赠的社会符号学

〔德〕赫尔穆特·贝尔金 /著

魏全凤 廖洋昇兰/译

四川大学出版社

责任编辑:宋　颖
责任校对:石　旭　张伊伊
封面设计:米迦设计工作室
责任印制:王　炜

图书在版编目(CIP)数据

馈赠的社会符号学 /（德）赫尔穆特·贝尔金著；
魏全凤，廖洋昇兰译. —成都：四川大学出版社，
2016.12
（符号学译丛 / 赵毅衡，唐小林主编）
ISBN 978－7－5690－0270－6

Ⅰ.①馈… Ⅱ.①赫… ②魏… ③廖… Ⅲ.①社会学
－符号学　Ⅳ.①C91-05②H0-05

中国版本图书馆 CIP 数据核字（2016）第 322438 号

Helmuth Berking：Schenken：Zur Anthropologie des Gebens
© 1996 by Campus verlag GmbH，Frankfurt，German．All rights reserved.
四川省版权局著作权合同登记图进字 21－2016－313 号

书名	馈赠的社会符号学
	KUIZENG DE SHEHUI FUHAOXUE

著　者	［德］赫尔穆特·贝尔金（Helmuth Berking）
译　者	魏全凤　廖洋昇兰
出　版	四川大学出版社
地　址	成都市一环路南一段 24 号 (610065)
发　行	四川大学出版社
书　号	ISBN 978－7－5690－0270－6
印　刷	郫县犀浦印刷厂
成品尺寸	170 mm×240 mm
印　张	11.25
字　数	201 千字
版　次	2016 年 12 月第 1 版
印　次	2016 年 12 月第 1 次印刷
定　价	48.00 元

◆读者邮购本书,请与本社发行科联系。
　电话:(028)85408408/(028)85401670/
　(028)85408023　邮政编码:610065
◆本社图书如有印装质量问题,请
　寄回出版社调换。
◆网址:http://www.scupress.net

前　言

　　放眼当今世界，人们不禁感到自己正经历着一场社会巨变，这一过程既艰辛痛苦又危机重重——日常生活受到威胁，福利国家的基本权利（basic entitlements）停滞不前，就连不久前被冠以先锋称号的世界观与身份建构也逐现疲软，注定要埋入历史的烟云之中。

　　东欧（社会主义阵营）土崩瓦解，宗教内战重现欧洲中心地带，世界经济大萧条，议会民主制危机到来，生态创新技术匮乏——所有这些仅是整体故障中的寥寥几笔。在 20 世纪即将接近尾声之时，乐观主义没有容身之地——大规模裁员每天上演，社会和平“危在旦夕”。在充斥着心理社会剥削的语境下，落后的右倾民族主义抗议运动气焰嚣张，它侵蚀着文明的标准，或促使人们将之无情丢弃，而教育工作者们除了感到惶恐不安和进行软弱无力的理论推导外，也束手无策。对政治的冷漠和埋怨以及彻底的功利主义促使社会产生了道德共识，它以公共福利和集体责任为导向，与众多特定利益融为一体，而这些利益的规范性要求似乎只有一个构成因素，即保护个人利益。

　　每日议程上此类事物众多，鉴于此，本书要讨论的馈赠现象就显得有些奇怪了。当有人对现实的残酷视而不见，隐居于古老乏味的田园生活，并以不合逻辑的形式与外界交往时，人们可能很容易就感到疑惑。当我们共同的家园硝烟四起之时，我们何须再去理会那些再寻常不过的事呢？我的大致回答是，因为无偿的馈赠与接受行为不仅在量和质两方面发挥着越来越重要的作用，而且还承载着与现代社会道德建构问题密切相关的语境化形式和归属原则。

　　馈赠意味着获得权力和进行符号交换；意味着赋予权利和义务以及主动建立关系和寻求联合；意味着将主观意义客观化，并系统地将他我进行分类；意味着将利他动机中的战略、战术包装美化，使社会挑战看上去像单纯的慈善行为；意味着荣誉与羞辱、等级与阶级、团结一致、关系亲密与彼此认可；更意味着平等与亲近。本书的主要思路是，从文化史的角度对馈赠这一矛盾结构的道德潜力和综合潜力进行分析，借此希望对人们熟悉的事物进行阐释和重新整合，以给读者带来启发。

在大致了解了第一部分关于馈赠在当下的动机、场合和情感规范后，第二部分将检视那些被遗忘了的社会理论维度。在这些维度中，礼物交换仍然是社会再生产的主要结构。本部分主题为馈赠和接受，内疚和债务，互惠原则和人际关系中的文化创造，符号暴力契约以及社会融合的生成模式——以上所述均发生在古代祭祀和神圣仪式分配中，起着稳定交际圈的作用。与陌生人交往形式的改变以及"待客"的制度化最终为馈赠的人类学卯定了起点，在这一过程中，人们认为，无条件的馈赠（和接受）不仅是人类进化过程中基本而有效的活动，而且是建立古代社交中的符号秩序和道德词汇必不可少的实践基础。

在第三部分，本书将基于文明论和知识社会学视角，沿着调解的矛盾模式方向继续进行阐释——本部分将讲述传统馈赠道德思路的中断和"个人利益"历史生涯的开始。随着资产阶级世界观中固有的经济、文化的分裂，馈赠将最终超越必然王国，进入"不值价、不划算"的经济领域，这是因为它本来就不属于这一领域。馈赠摆脱了传统的限制，在交互作用的反身认知成分的作用下，其矛盾的结构变得透明可见。这引起了人们对馈赠的质疑，认为它既有可能从属于个人利益的战略定位，又有可能（假设以规范性特征为己任）与资产阶级个体的个人理想和主体形象相冲突。

在资产阶级社会早期，经济和文化的分裂主要通过文化规范和道德责任对经济领域的个人利益和市场预测进行限制。尽管如此，在当下，社会学的论断强调，超功利主义道德的各个方面将不再受任何文化框架的压制——因为超功利主义道德本身就存在于主体参照的生活世界中，其本身拥有的力量足以将这一道德变得支离破碎。在此背景下，本书的第四部分将尝试对个性化和共同利益取向之间的关系进行概括，其重点在于"个人主义团结"这一先决条件。在当前社会科学话语中普遍存在的概念指向多样化的现象背后，在将民间宗教（民间团体概念化）或者社群的特殊主义作为参考的多种尝试背后，它们共同拥有着某种为世人所认可的东西。那些被冠以馈赠头衔的老问题再一次明确无误地出现在世人的视野中，变成了当代社会道德经济、分配公平、社会连带以及相互认可等问题。令人遗憾的是，馈赠的人类学视角并未被充分利用来批判性地看待当代社会状况。但正因如此，本书才变得与众不同。

没有厄斯·贾基（Urs Jaeggi）的关心和坚持，这项研究将无法完成。加比·阿尔特豪斯（Gaby Althaus）和约尔希姆·默比乌斯（Joachim Moebus）给了我与他们共同切磋本书初稿的机会，他们的点评令我颇为受用，我非常感激。汉斯－乌尔里希·特莱希尔（Hans-Ulrich Treichel）和西格哈德·内克尔（Sighard Neckel）总能在我表述主题时以精彩的文字给我带来惊喜。汉内斯·卡莫兰德尔（Hannes Kammerlander）将电子字符转化为书本文字。在此，我向他们所有人，为我们多年的情谊和合作表示感谢。

最后，我还要特别向斯科特·拉什（Scott Lash）、罗伯特·瑞杰克（Robert Rojek）和帕特里克·卡米勒（Patrick Camiller）表示感谢，感谢他们使这本书的英译本得以出版。同时，我还要感谢德国跨国基金（Inter Nationes）对本书的部分翻译所提供的资金支持。

赫尔穆特·贝尔金

目 录

第一部分　馈赠的现象学

时值午夜前夕，派对正走向高潮。仍有客人陆续到场——来这儿的都是朋友，以及朋友的朋友。所有人都笑脸盈盈，他们衣着得体、相互问候，派对的女主人正庆祝她的 33 岁生日。一小片空地被腾出来放置礼物。临近午夜之时，这片空地终于派上了用场，桌上的礼物堆得满满当当。绝大多数礼物都用彩纸精致地包装过，束着亮晶晶的丝带，还有心形或星形的饰品，有的还写着一些诙谐俏皮的祝词。客人们或是推杯换盏，或是随音乐起舞，或是驻足观看。关键的时刻终于来临了，史提夫·汪达（Stevie Wonder）的生日派对按计划准点进行。女主人打开香槟，宣布晚会开始，然后开始招待客人。

礼桌旁一阵轻微的骚动过后，起初混乱的人群终于井然有序地排成了一列。只要仔细观察就不难发现，排列的顺序蕴含着一种等级结构，排列的位置意味着来客与女主人关系的亲密程度。靠前站着的是她的现任恋人、女伴和姐妹；接着是她的前男友和可能成为男友的朋友，他们一个挨一个地排在一起；排到最后的是准备送上生日祝福的朋友的朋友。这场派对最有意思的是馈赠环节。左亲亲、右抱抱——汪达女士做得非常好。她享受着这一刻，心满意足。收完礼物后，就轮到拆礼物了——"里面装的是什么呢""我想我知道是什么了"她进行着诸如此类的猜测——拆掉礼物包装时，女主人开心的惊叹声意味着她对礼物十分满意。这样，送礼物的人可以驻足在女主人身边，享受片刻的瞩目，直到这一互动仪式结束。拆掉一份礼物后，客人们议论纷纷，这时，又该轮到下一个人馈赠了。整个过程持续了近一个小时。馈赠结束后，汪达女士精神大减，略显疲倦，瘫软在扶椅上。地板上散落着绳子和丝带，桌子上堆放着五颜六色、造型各异的礼物。人们跳着舞，喝着酒，一边闲谈，一边计划着消遣晚上余下的时光。总而言之，这场派对让人感到非常愉快。

酒醒后，早餐要比平常晚很多，女主人最好的朋友们还在，昨晚发生的事情仍然历历在目。不同客人留给她的印象以及他们送给她的礼物的确让昨晚的回忆增色不少。多年前的恋人带来的香槟竟然如此廉价，如此没有人情味；而另一人送的香艳的内衣看起来带着无以名状的粗鲁、暧昧；F 先生根本就没来，这让她心中不快。以她和昨天参加派对的人的关系来看，这些礼物含沙射影地想要表达的意图让她既不痛快，也不反感。那么，是什么让她如此开心呢？

无论如何，她现有的关系网络已经在这顿早餐的闲谈中粗略成型。这就好比确定那场派对等级的顺序一样，只不过稍稍做了些修正。母亲送钱当礼物并不合适，但汪达女士总是手头拮据，所以这笔钱能让她过得轻松些。浪费的饮料和自制菜肴都不算什么，最让人吃惊的还是送的这些礼物明显不实用。比如那些小摆件，可以说，明天她就会将其忘得一干二净，然后丢落在个人杂物堆的某个地方，直到多年以后家里进行大扫除将其清理出来时，她才会回想起当年生日派对的画面。

1. 动机

馈赠者方能教授馈赠。

通过开篇故事，相信大家已经对馈赠在当下日常实践中的全部主题有了一定的了解。馈赠对于人们来说可谓再熟悉不过的现象了。每个人都知道馈赠，并且或多或少地生活在馈赠或接受礼物的环境下。当然，每个人也都记得与这种交互形式紧密联系在一起的风险和无法估量的因素。

这种交互形式的历史本身就古老而悠久。至少在马瑟·莫斯（Marcel Mauss）率先发表《馈赠》（1925）一文之前，人们就已经知道交换礼物是一种原始的社会现象。古代社会通过制作礼物、交换礼物的特殊形式对社会本身进行再生产。因此，毫不意外的是，当下的交互形式恢复了纵横于不同文化和历史时期的相同馈赠仪式。送出物质性的礼物、正式接受礼物、证明自己的感激——这三个步骤构成了礼物的交换，尽管在不同历史时期其差异巨大，且大多数礼物交换总是冒着极大的风险。

同样，公私分明的历史观加深了政治表达和私人生活之间的差异，日常认知也是如此（它同样一本正经地存在于市场关系和个人关系之间，系统地对资本主义的交换原则进行了否定）。在当下，礼物几乎完全进入了人际关系的范围：礼物所指的主要是一种文化习惯，如果调换位置进入政治或经济范围，它就会立刻引起丑闻。此时，礼物将很大程度上不再是通过交换进行经济、政治、文化和道德再生产的部落和宗族问题了。确切地说，个体在个人基础上进行自我再生产，并通过分配私人资源，赠予令人愉悦的礼物，将自己与他人联系在一起。馈赠和礼物因其最为多样的意义属性交织在一起。即便如此，这也并不代表着两者的行为结构就是相同的。"资产阶级馈赠文化，作为个人、家庭和朋友关系的表达，直到 18 世纪才被发现。"（Hannig，1986：150）早在 20 世纪的头几十年，馈赠文化就已不再受资产阶级阶级道德的局限，并基本完成了在社会上的普及。为测量馈赠和礼物在文明史上拉开的差距，运用人类学和民族文学中常用的解释模式会显得十分吃力。该模式以探索物质基本结构为目标,认为古代礼物交换的基本形式可被直接运用于解释"当代"的关系。① 因此,我们首先需要了解"礼物"的最新定义,通过这一定义我们应能看到文化框架和情景语境(简而言之,就是意义的社会结构),而这一文化框架和情景语境应能适应个性化的矛盾动态和现代社会的去传统化特征。只有在这种情况下,一场真正的有关文化史的延续和破裂、意义的改变和创造、新出现的特点和缩小的差异的辩论才有可能进行。

礼物的社会学在社会科学中尚显稚嫩。② 其主题范围涉及文学研究与法律研究、民族学与民俗学、市场调查和消费调查;此外,还涉及社会心理学和利他主义研究以及家庭社会学和社会政策领域中的重要方面。对于礼物的话语特征,社会理论维度在面对占主导地位的资本主义形式的社会化时,也显得不堪一击。这一结果让人十分吃惊,因为格奥尔格·齐美尔(Georg Simmel)当年曾尖锐地指出,由于差异巨大,馈赠已被排除在了交换的客观规范之外。在他看来,礼物——在与和财产转让有着直接联系的交互模式相结合时,就显示出了"社会学意义丛"(sociological constellations)的最大价值,因为馈赠者与接受者的态度和地位纵然带有个体上的细微差别,但也会以多种形式融为一体(齐美尔,1958:370)。然而,在众多的社会学组合中,另一点也得到了人们的认可,即如果人们不仅把礼物当作无偿的财产转让,而且还将之作为建立互惠关系和社会评估的可靠标志。那么,除了调节市场规律以外,调节社交礼仪的规范导向和道德观念也必定纳入人们的观察视野当中。

馈赠的语言就是传统道德的语言。它能让我们特别清楚地探索现代社会的"道德经济"、调查契约建立的非契约前提,以及挖掘每一种制度的非制

---

① 马瑟·莫斯(Marcel Mauss,1990)早在其书中提到过古老的交换和现代礼品经济的交融,但其界定是有局限的:一方为分析他在另一方中的缺陷提供理想的结构。然而,对结构人类学最前沿的代表克劳德·列维-斯特劳斯(Claude Levi-Strauss)而言,理论程序并不需要这一差异来发挥作用。伯哈德·劳姆(Berhard Laum)在其自传《馈赠者的经济》(*Schenkende Wirtschaft*,1960)中也通过假设连续性进行引导。从发展"礼品经济"的角度批评了人类学范式以及政治经济学的论述(Cheal,1988:2f.)。

② 照我看来,齐美尔(Simmel)是第一个寥寥几笔就勾勒出馈赠的符号学框架的人。这一主题本身就获取了尤其是英美研究中的某些特定的东西(Schwarz,1967;Titmus,1971;Caplow,1982;Cheal,1986,1987,1988;Camerer,1988)。在德国的研究中,可见萨勒(Sahle,1987)和吉塞拉·克劳森(Gisela Clausen,1991)根据交换原理图式的论述。

度框架（Thompson，1971）。馈赠的符号学，即一门提供极具前景的跟踪方法的学问——在这一方法中，知识背景引人反思，生活形式层出不穷——包括关系的萌生和体制化、互惠原则的交互调节以及主体表达行为和集体责任感中的文化转向。

礼物交换的情景结构十分复杂。它至少由四部分组成：礼物本身，馈赠和接受的行为场景，施动者自身对所赠物品、行为结构和行为目的的理解，控制交互伙伴表达行为的"情感规则"（Hochschild，1983：65f.）。此外，还应该增加语境变量因素（如被视为社会框架的情景、地位和性别的不同定义），主体间的意义生产于此，因此这些变量不可避免地成了定义的主体。从密友到熟人，从爱人到教母，馈赠得到的回应是不同的。对某部自传烂熟于胸并对之采取优先阅读态度的人，会对自传产生迫不及待的期待，他们渴求表达并要求满足这一愿望。越是靠近这一目标，人们就越能明白什么是"恰到好处"——但越是靠近，人们"失言"的风险也就越大。旁观者能在通用的符号下寻求庇护，所用的鲜花、美酒和糕点起着可自由兑换货币的作用。但若是朋友或爱人，就必须为之绞尽脑汁，甚至从细枝末节中找到这一愿望。

赠礼，如同问候道别、手势交流、寒暄致意一样，是一种践礼，通过这种践礼，人们可以在一定时间内传达并维系这一关系的当下价值。礼物起着"关系信号"（Goffman，1972a：248）的作用，是一种表达爱慕、关心和信任的常用手段（Cheal，1986：424），同时，还表现为规范思想的外化和对品味的判断（Schwarz，1967；Caplow，1982；Cheal，1988），它承载着有关馈赠者和接受者的讯息。礼物使得道德规范有迹可循；从某种意义上讲，礼物是一种情感，目前看来，这种情感将牢牢地存于记忆当中，因为礼物在构成上，与特定时期的历史相关，也与特定个体相关。

在礼物中，人们的自我形象和他人印象在本质上呈现出一种物质形态。但如果有人试图以这种方式来表达自身和他人的完美形象，那么他就必须预料到，在想法付诸实践的过程中难免滋生出来的战略性模糊和矛盾效果。比如，给"男孩儿"或"女孩儿"的礼物——玩具机关枪或芭比娃娃——这些礼物所传达的不仅是父母的想象和期望，而且还充当了分配和确认性别身份的重要手段（Schwarz，1967：1f.），分发给孩子们通往未来勇敢战士和甜美公主的"入场券"。

之后，礼物作为自我形象和他人形象的客观化呈现，对馈赠者和接受者双方都起到了启示性的作用。特别是当第三方在场时，礼物通常成为个人身份的承载和挑战。它外化和展示了符号分配，并公开建立了与他我的自我认知不相符合或不相贴切的性格特征，这就是"尴尬处境"的由来（Dreitzel，1983）。随着本真性和自我实现渐渐成为衡量人格面具和主体性形象的理想标准，自我参照和自我呈现就需要获得文化规范的地位。有了这一地位，人们就能忍受由自我牺牲所带来的断臂之痛。当下，馈赠普遍与自我参照和自反性知识密切相关，因此，在这种情况下，馈赠的涵义也与早期的动机有了根本的不同。在早期，赠礼的自我参照和自我呈现与自主生产和职业角色是一致的。因此，拉尔夫·瓦尔多·爱默生（Ralph Waldo Emerson）将这种理想状态描述为：

> 诗人创造了诗歌，牧人带来了羊群，农夫生产了玉米，矿工凿出了宝石，水手捞起了珊瑚和贝壳，画家创作了画作，而小女孩则亲手绣出了手绢。当一个人的人生写照通过礼品传达出来时，一切都那么井然有序、幸福美好，因为，正是它们还原了社会伊始的基本面貌。但是，当你进入商场为人挑选礼物时，如果它不能呈现出你缤纷的人生和出众的才华，而仅仅暗示着紧张、枯燥、乏味的人生，那么馈赠将只会成为一场冰冷无情的交易。

当下，这样的场景因过于单纯而显得不切实际。律师、工人和退休人员怎样才能展现出他们的生平事迹呢？正是在一个受质疑的，与使用价值十分契合的工艺和农业生产时代，个人物品才能被制作成礼物，因为这些物品不会在市场上销售，而是直接送给重要的人。在此背景下，礼物和赠礼就不会那么引人注目了。当所有人都送出了自己力所能及的礼物后，礼物所传达的信息难免会出现局限性，这是因为，这些物品的符号价值是单一而又明确的。社群本身十分尊敬社群中拥有商品价值和社会价值的个体成员，当所有成员互赠商品和其承载的社会价值时，社群就会保护自己的道德基础。在这种情况下，人们几乎没有空间去耍弄模糊价值、符号多义性、不确定的分期和给人惊喜的戏剧做法。身份争夺仍行于安全轨道，在其他方面的兴趣也在送礼的行为而非从礼物本身得到展示。

只有在自我外化和他人外化相互作用时，才能让起着礼物作用的商品表现出作为涵义载体的多元素性和多义性。在自我外化和自我参照的前提下，馈赠本身就是一种身份政治学，一种"印象主义管理"和自反性，它和策略内涵有着千丝万缕的关系；和他人的理想化形象有着独特联系的纯粹"身份认同"（Goffman，1972b：92）则可能成为另一个极端。无论如何，亲密关系的鉴别需要以下两种证据：与馈赠者有关（当然得发自内心），与接受者有关。

一方面，敌对的态度即使变成了形式上弱化的讽刺，也可以通过馈赠表现出来。即使是迂腐透顶的书呆子，在面对荒谬的办公桌摆设时，也不得不强颜欢笑。独裁专制的行政长官在看见自己被设计成一群锡制玩具兵的总指挥时，也会气得食不知味。当文员收到同事郑重地送给她的吊床和男用拖鞋时，这其中的含义已经不言自明。这些问题都十分明显，但这些动作的发出同时也为暗示绝交和处理尴尬、羞辱留下了足够的空间。从另一方面来讲，明显故意的敌意行为或伤害接受者自尊的夸大陈词，也会导致两者交往关系破裂，使不友善的行为层层升级。馈赠者损坏礼物会引人反感，因为他们的关系符号与物品的真实状态并不对等。愚弄接受者的时间结构有着特殊的意义（Bourdieu，1977：171）。因此，通过直接摒弃责任感，即时互惠否定了交互关系的馈赠形式，而这一责任感正是其特有的意图所在。与此同时，这种完全失败的交互行为使得对方的不确定成了个人娱乐的来源。通过过多或过少的馈赠来违反互惠原则，可能会被用来纠正馈赠者对馈赠情景的定义。

然而，任何回应都可能对动作发出者不利。负面效应是符号实践的典型危害——尽管它囊括了人们能够想到的所有动机、意图和利益——然而，矛盾的是，它还与我们在日常意识形态中的同情心、信任感、团结思想和互惠原则息息相关。当有他人在场时，那些拒绝接受起和解作用的礼物的人，就很容易就被冠以"铁石心肠"的称号；而馈赠过于频繁的人，又会让人怀疑他是否在收买对方；从不赠礼的人则会被谴责为吝啬鬼。①

当接受者按照自身所理解的馈赠情景接受礼物时，将不可避免地用语言表达出馈赠者无意追求的效果，如果人们将赠礼的视角扩展至此，那么干扰范围将变得清晰可见（Caplow，1982：1314）。比如说，不合身的衣服总是会让接受者做出反应，而这些反应又或多或少会带有一些讽刺和酸楚："哦，天啦，我没这么胖吧（或没这么瘦吧）"，诸如此类。儿童和少年常常会对这

---

① 潘多拉——就字面而言，可能被认为是造物主开启了恶意的图腾。当下，在几乎所有文化中，用于减小馈赠风险的仪式的防御机制以及预防措施，已经被批判性语言策略、辩护冲动以及对他人动机的严格询问所替代。

样的物品采用敌对策略，因为他们在这一方面还不够成熟。有时候，馈赠者的反应会慢半拍，尔后才意识到他们做错了——送出的礼物一件件地消失，或是对方从不佩戴自己赠送的首饰，又或是送去清洗的套装第一次就被对方忘在了洗衣店。失望的风险总是居高不下，而在每一个不寻常而又相互冲突的馈赠情景中，一大堆名言警句和至理名言总能派上用场。那些对于收到的礼物绝不挑毛病，对送出的礼物也绝不求感激的人被证实缺乏乐趣，而这是一种常识问题。当然，通过社交行为表达自身影响力的教育目的背后，模糊价值出现了，它的出现伴随着无偿的馈赠和接受①，伴随着亦敌亦友、自私与利他动机的共存，这些都赋予赠礼以繁重的责任和道德善行的反面情感价值。但是，在此文化背景下，消极动机大多否定行为表达，除非人们能够提前预料到发生冲突的可能性并押上自己的纽带关系。

馈赠与接受不仅是个体行为，还是人们在维系互惠关系和巩固社会关系时所启动的触发机制（Gouldner，1975b：227f.）。馈赠以道德取向为前提，而这一道德取向又能通过交往双方的互补性角色分配和情景差异来保证双方的互惠关系。在莫斯的经典解释中，礼物的积极贡献被包含在馈赠、接受和互惠三项职责中，这三项职责以启动辩证的符号权力为目的，在不断转换的角色中，施动者遇见并认识对方，将他们交替辨别为债权人和债务人（Mauss，1990）。分配公平并未朝着负债程度和免除债务间的最终平等发展，而是朝着其间的暂时平衡迈步。礼物的全部意义仅在"交替"的整体中得到体现，而每份单独的礼物，却在地位相等的人群之间建立了一种不对称的关系。馈赠者赠送物品，并向接受者发出感激的义务，必要时，馈赠者还会将这一感激之情赋以物质意义。根据权力理论，出于情景要求，某一方的道德优越感和对方的自卑感在程度上是相等的。馈赠者会牺牲部分资源，而接受者也无法摆脱自己主动权会沦为被动权的疑虑。为何馈赠会在当代社会拥有积极内涵，而接受却被人们喜忧参半地予以否决？不平等的符号权力情景分布是原因之一，但却不是造成这种现象的唯一原因。话语分裂相当于不平等的角色分布。当人们被问及为什么要馈赠时，他们会提到关爱和友谊，关心和关怀，信任、尊重以及欣赏（Cheal，1987，1988）。但当被问及接受

---

① 礼物交换的本质为不友善提供了条件。尽管馈赠本身就是种报答……它还明显伴随着剥削，因为馈赠者向接受者呈现的礼物也可以自我满足。当他收到别人回赠的礼物时，他在物品和金钱的收支控制中或多或少会有些损失。就此而言，接受者变成了剥削者。并且在这一过程中，不同程度的矛盾情绪都有可能存在。（Schwarz，1967：5）

礼物的感觉时，他们表现出的欣喜中总会夹杂着一丝不安和疑虑。

通过礼物交换而定义的社会邂逅在受仪式控制的固定框架内运行。这一交互形式的隐性知识早已预定了下一步的行为：一方应当对另一方表示尊重，展示礼物后，接受方应当接受礼物，然后表示感谢，又或者每一个动作顺序都以完整的互惠精神表现出来。

在礼仪方面需要多加注意。光把礼物置于一旁是不礼貌的。馈赠者将强制性的行为传递给了接受者，而这一行为的现阶段任务就是完善处于不确定阶段的交换仪式。拆开礼物的行为能够帮助提升这一馈赠情景的戏剧强度，归根结底，其目的就是为了揭示礼物的谜底。^①在其中所隐含的审美要素起到了很大的作用。它使小小的礼物"高大"起来，使微小的细节显露出真情；它强调了馈赠者对礼物倾注的时间和精力；它把所有的注意力都集中在了展示礼物和拆开礼物的动作上，正是这些动作为合理构建馈赠情景创造了足够的时间。接受者调动了所有合理的、不确定的情绪，他可能会显得紧张和好奇，在笨拙地拆开礼物时，又可能伴随着惊喜和喜悦，这时他的情绪也达到了高潮。那么，儿童会有怎样的反应呢？对他们来说，拆礼物就意味着不受约束的好奇心和占有的冲动，因为他们把它当作了一种暗示——成年人不能拆这些礼物，否则就会被人们嘲笑。成人要求表现出既按捺不住又得按规矩行事，既好奇又不得不克制自己的样子。

由于馈赠的戏剧性、阶段的不确定性及其给人带来的忽强忽弱的紧张感，所以其不仅是一种与日常生活相抵触但深受青睐的文化实践，而且还是一种典型的"孤立"现象（Schwarz，1967：10）。随着礼物的拆开和紧随其后的道谢，这种交互行为也走向了高潮，然后便立即谢幕，馈赠骤然陷入世俗常态。为了避免这种情况的发生，也为了给不确定性阶段和惊喜创造恰当的发展框架，聚会和节日便充当了情景形式，进一步加强了礼物的凝聚力。然而，在我们考虑社会场合和典型场景之前，令人不安的问题（因为多少会有些荒谬）仍然存在，那就是——礼物究竟是什么？

法律定义对此不起作用，而"捐赠"在人们看来是一种无偿的支出。那什么才能被称作礼物呢？要对行为和背景做出怎样的改变，才能让某个物品、某个茶壶或者某本书转变为礼物呢？

---

① 物品"精美"的包装，圣诞期间高档商店自然会提供，且变得越来越职业化。令人毫不惊讶的是，在民族传统的前提下，日本已经在这一方面先行一步，创建了专门进行艺术包装的公司。

从工业产品到符号商品的转换过程以及带有主观意义（在某种程度上介于饱受争议的万物有灵论和公然的拜物教之间）的物品的个性化过程，其早在物品离开市场落入消费者手中时就开始了。[①]如果按照玛丽·道格拉斯（Mary Douglas）基于人类学视角的说法，认为物品不仅是生活资料和区分手段，还是各种文化当中最为突出的（因为能被肉眼看见）一部分，那么消费的本质就在于集中构建绑定礼物内涵的能力。"忽略对消费者非理性的想法，忽略商品是可吃可穿可避寒的物品，即忽略商品的实用性，并尝试将商品看作利于思考的物品，看作培养人类创造才能的非言语媒介。"（Douglas and Isherwood，1979：62）

各式各样的菜肴需要相当多的时间准备，餐桌服务水平也明确了这一场合的特殊性。女士们的黑色小礼服，就像香槟和柑橘果酱一样，终于有了用武之地。礼仪，作为传统符号系统在此出现，"构建了这一看得见、摸得着的公共定义"。这一构建越有效，重要的商品就越能融入这些仪式表现中，就越能被细化为特定的意义载体。"仪式服饰越昂贵，我们就假定其强化仪式内涵的意图越强烈。从这一角度看来，商品就是仪式的附属品，消费则是一种仪式过程，这一过程的首要功能是使早期发生的事件便于理解。"（ibid.，65）

因此，在馈赠仪式中，大众产品被转换为至高无上的符号商品。这一礼物和所有仪式物品一样具有某些共性：能组织记忆，能使感情更为具体实在，还能发出关系信号。人们普遍认为，馈赠仪式是一种矛盾事物的个性化形式，而馈赠本身就是直截了当的个性化。购买和销售中发生的物品交换，不仅不能进行单向操作，而且在进行系统操作时也是行不通的。从馈赠的符号框架中退出的价值尺度——正是金钱在特殊情况下可作为适当的礼物被人接受的原因。礼物，特别是众所周知的用以维持友谊的小礼物，其实不必非得实用，因为它们的价值并不是其中的一个重要因素。它们的性能特点在于"非必要性"，在于对必要性的严格否定、有目地利用物品，以及倾向于纯粹占有的价值观。

如果符号实践要求通过否定市场关系获得自己的具体含义，那么这一符号实践就必须确保能够消除所有因利益和欲望引起的对礼物含义的破坏。没

[①]　对该方面系统化忽略的消费主义批判，尤其要参考道格拉斯和伊舍伍德（Douglas and Isherwood，1979）、费瑟斯通（Featherstone，1990）的研究成果。

有人希望看到自己的私人关系用金钱来衡量，也没有人愿意用经济范畴来衡量自己的社会声望和个人承诺。道德经济学和市场经济学遵循着不同的规律，不过道德经济学和市场经济学又的的确确以对方遵循的规律构建了自己的领域。

> 总而言之，在消费领域中，两种服务间的确存在一条自然形成的有效界限：专业服务，需要付款，被归为商业一类；个人服务，只能以回赠表示感谢，而不能用其他方式。在个人服务领域，时刻都进行着无偿的馈赠和回报以及对人和物的价值判断。（Douglas and Isherwood，1979：58f）

只有在这种超越了经济学范围的情形下，礼物才是礼物；只有在这种情况下，人们才能认为经济价值没有参与其中，参与的只有馈赠意图；只有在这种情况下，人们才能认为自愿和自由的社会神话脱离了必然王国；或以下这种观念才能站住脚，即关系的存在是出于本来的原因，其存在拥有其自身存在的意义。只有悬置内在于资本主义世界观中经济与文化有所区别的观念，才能为发展一种与众不同的道德经济创造空间。假如等效原则失去了有效性，其标准和价值也不再占主导地位，而真正重要的是社会技能、交互知识和表达行为；在这一独特的领域中，人们谈论着爱与快乐、友谊与欣赏、主权与独立、荣誉与尊严、诚实与信任之类的"符号商品"（它们都被归入个人价值）。只有在这种情况下，战略多价性才能以原则的形式运行，而那些被排除在外的因素总是以令人不悦的解释或互惠失败的框架形式起着危害的作用——不管多么小心翼翼地撕掉价格标签，都不能有效抵御根据事物经济价值进行的解释——过于廉价或昂贵，也许让人不悦，或者让人多少有些尴尬（Camerer，1988：197）。回归经济范畴总是意味着恼怒和失望。

2. 场合

礼物是一种礼物，就是一种礼物而已……

谁对谁在什么时候赠予了什么，乍一看似乎是件偶然发生的事情。馈赠的常规场合最为多样，但馈赠却并不受这些场合的限制。馈赠的发生可能令人出乎意料，但即使是在合理的期待范围之内，也有可能以失败而告终。人们可以送一份"如此而已"的礼物，也可以拒绝馈赠，即使那天是圣诞节。除此之外，稍微超出礼貌程度的物品，甚至也可能在口头上被称为礼物——比如时间、精力、爱、巧克力——只有在这种情况下，人们才有可能去描述与礼品经济相关的典型场合。

礼物交换可能是最古老的礼仪形式，不仅从毗邻的膜拜献祭中分离出了整体性力量，还在交换婚姻中规范了两性关系（Levi-Strauss，1969；Stentzler，1979）。这一背景使得礼物交换本身陷入当下一个十分世俗但仍然有效的实践当中，在这一实践中，馈赠显得必不可少。如果没有礼物和"投降"之间模棱两可的辩证法，就不会有"了解对方"和"调侃"的出现，更别提所谓的"严肃的意图"了。在适当的时机邀请对方喝一杯，是人们最喜欢的亲近礼仪了。如果对方接受，进一步邀请对方共进晚餐，也并非什么棘手的事情了。在传统习惯中，有男士为女士付账的例子，如果女士同意对方付账，那么她就是在认可饭桌以外的其他事情——这相当于一种入场券，从餐厅选择、对话类型以及小费的数额上就可以明显看出。轮到付款时，事情就变得复杂起来。男士按照自认为的女士意愿以及传统的回报模式，扮演了自己的角色（谁会表现出小气呢？）。在女士看来，自己有各种选择可供支配——可能三四十年前看起来意图明显的信号——如女士支付了她自己的那一份，并感谢男士陪自己度过了一个美好的夜晚——但是现在却可能意味着任何事情。根据古代模式中"给少得多"的规则，对于男士这一邀请，女士可能接受，也可能谢绝。这也许就是人们所说的"劳而不获"，或者，如果女士支付了自己的那一份，也可能被称为"不劳而获"。不管这场游戏如何进行，没有起初的馈赠行为，它就无法继续。当然，馈赠情景本身也明确了一点，即在传统符号系统中，示好变得更加困难，更容易被人误会，更具有不确定性，代价也更昂贵。

进行讨好的男士以不同的方式给予被讨好的女士不同的物品。不仅如此，他们馈赠的行为也更频繁，按照其策略意图，性质也更确定了。对于相对稳定的关系来说，也许"爱情纪念品"的交换，是当下唯一一种仍能被理解的礼物形式。那些弄丢了的戒指、吊坠或其他具有重要关系符号的人可能会开始动摇——往往在精神分析理论的支持下——在迷信般的惊恐之中发生。比如说，有人认为他们将永远失去某个人的物质或某段关系。不言而喻，这种"物质"是至关重要的，也许从能吞没和破坏关系符号方面，就能展示其无情的破坏。

在两性关系的理想类型中，或者更准确地说，在不断讨好关系、建立关系、巩固关系和关系的制度化中，行为的三种模式和一系列目的都可能被视为决定馈赠过程的因素。第一种模式，接近仪式——邀请、小礼物、通用礼物，比如一个教养良好的年轻小伙子因在第一次约会时带来了鲜花而被认为教养良好——这说明了年轻小伙子对约会对象感兴趣并愿意投资。第二种模式，确认仪式，通常表现为珠宝、带有图腾的吉祥物或显示亲密关系的物品，馈赠者通过发出信号，使接受者知道馈赠者想要保持现状，试图使没有保障的关系状态得到一个确定。第三种模式，归属仪式——在自我崇拜式的周年纪念日馈赠礼物的目的在于构建共同的未来——这意味着不再有疑虑，不再有胡思乱想和互生误会的空间。

假定互惠原则在这出戏中的每个阶段都存在着一定的性别因素——男士送出的礼物起到了支配权力的作用，并且直到巩固关系阶段才初露端倪。不管需要经过多少个中间阶段，不管出现多少次拉锯式的礼物辩证法，不管需要在延期上浪费多少时间，它都最终达到了自己的目的。一路突击，直到达成最后的亲密关系，礼物总是作为信息的承载者如影随形。这些礼物，在本质上被区分为一种事物，即一种理想化的"印象管理"，它为共创未来、承诺了忠实的狂热恋人带来了最可能的平衡。慷慨和关怀，生活品位和可靠性，以及男子气概和似水柔情，都需要不断地表达出来，即使动作发出者未能在最后兑现礼物包装时表达曾信誓旦旦承诺过的目标。

一旦建立了关系，对女性的教化就会立即开始，同时发生的还有以关心为形式的对男性的审美教育。从现在开始直到去世，或直到你找到借口，你才能摆脱这一互惠关系。在这一过程中，女性会通过可预测的、有目的的干预来操纵局势，而这一干预主要表现为女士的衣着和其他与身体有关的物品。

调侃和关系政治学是一方面，普通社交网络的稳定性又是另一方面，而生活中的重要人际关系，如代际关系、友谊关系与睦邻关系都存在于这一社交网络中。在这一领域中，英语国家的经验主义研究在这一方面特别指出（Caplow，1982：1307；Cheal，1988：61f；Corrigan，1989），女性是唯一一起维持和稳定礼品经济的因素。大卫·切尔（David Cheal，1987：153）曾说过："馈赠文化，最可以被理解为女性化意识形态的一部分。"

即使馈赠总是表现为实现的可能性（在这一可能性中，欣喜若狂和出乎意料扮演了重要角色），仍有许多高度利益化的场合和机会将礼物牢牢地置于事物的中心，如同宣布这是礼物的社会责任一样。出生、成年、结婚、疾病以及死亡、分别和重逢，各种不同的纪念日或"伤感日"，一年一度的重要节日特别是圣诞节，在可能会令人尴尬的情形下，馈赠提供了许多给人带来快乐同时也带来麻烦的机会，在许多情况下，即便远离尘器，等等，都可以称为"过关仪式"的语境（Arnold Van Gennep，1960）。

阿诺德·范·根纳普（Arnold Van Gennep）将每一个"过关仪式"分成了三个典型阶段。这一循环从之前提到的社会地位中的区分和脱离开始，一直持续到不同时长的中间位置。在这一位置上，过去的社会身份不再延用，而新的社会身份又无法使用，直到最后与明确定义的新关系合并，新的社会地位的公共认证才算完成。结婚就是这三个阶段发生序列的典型例子。给女方家庭的彩礼以及传统的结婚晚宴引出了分离阶段。婚礼伴随着礼物的交换，达到外来者融入地域集团的目的，而这一礼物的"涵义"在于，不仅接受了外来人进入地域集团，而且还将他带入了新的符号秩序当中。

过关仪式十分重要，但却不是最重要的，礼品经济中的馈赠场合才是整个事件的中心。社群总是体现在符号和仪式上，在节日和队列中，肉眼可见的通用礼物、信仰宣告和体验模式发挥着作用。在季节性节日循环中，圣诞节作为资本主义馈赠文化毋庸置疑的制高点显得特别醒目。的确，"当一位民族志学者发现礼仪在某些异国文化中的重要性时，他可能会试图使这一文化成为其文化描述中的中心装饰"（Caplow，1982：383）。

人们不仅在社会生活中花费了前所未有的精力、金钱和时间，用以确认这些普遍发生的馈赠与众不同的特征，馈赠行为本身也从常规的内在逻辑中分离了出来。圣诞节礼品经济并未觉知礼物和橱窗礼品间存在间隔：它抹掉了这一间隔，并使馈赠与接受同时发生；它移除了互惠的债权人和债务人角色结构的符号框架，并使其向理想的互惠类型靠近。

"普通生活"暂停，日常生活延迟，取而代之的是大量的豪华奢侈的消费（就像圣诞节的节日特征一样）（Huizinga，1970：27）。这样的消费，为集体发生的馈赠事件的周期循环创造了环境，其世俗的重要性，就像简单的历史重建所显示的那样，在 20 世纪才得以形成。[①]

> 赠送圣诞礼物的习俗和其普及程度一样古老。通常的解释只有一种，当新生儿降临时，代表新生儿向年龄稍长的孩子送礼的习惯，这种行为试图使这些孩子和兄长从一开始就紧密地结合在一起，保证他们兄弟姐妹的情谊逐日增加，从而使事情发展更加顺利。因此，人们认为，基督徒赠送圣诞礼物的习俗，源自他们虔诚地认为，送礼可以让孩子尽早适应耶稣的爱。这里，我将不再谈论教育和宗教的优缺点，除非要借助这一不值一提的手段来塑造善良的情感和性情，让孩子们从小就适应这种利己的想法，或通过礼物来换取关爱，这是一件贬低身份、有损人格的事。于我而言，足以让任何理性人士注意的是，调侃的方法可能不会轻易被普及，然后成为逐渐被人淡忘的社会习俗源头。（Gedike，1784：74f.）

对启蒙运动的教育家而言，送礼是异教习俗的遗风，即古罗马农神节。在罗马引用公历后，12 月 25 日，也就是人们迎接冬至的那天，成了太阳神日。这一天既是太阳神重生的日子，又是圣诞节——虽然圣诞节是在公元 336 年才被确立为耶稣的诞辰日（Pannenberg 1989：57）。后来，东方的教会也采用了这一日期，直到 4 世纪结束。在这之前，他们一直将 1 月 6 日作为送礼日，而意大利小镇贝法纳却一直沿用 1 月 6 日这一日期。在所有的传统文化中，冬至都是一个节庆的日子，而基督教的圣诞节则有可能在太阳崇拜的神话语境下，取代这一位置。话虽如此，其（圣诞节）化身的核心教义却坚持将馈赠与接受作为循环发生而又新鲜独特的事件的结构原理。"孩子们收到礼物，就像耶稣收到远道而来瞻仰他的牧师和国王的礼物一样。但实

---

① 圣诞节的政治化和政治史，见法贝儿（Faber，1993）。

际上，是他们及其所有的同胞，通过人类不断更替的参与，收到了来自上帝的礼物。"（ibid.，61）

像所有时令性的祭奠节日一样，随着时间的推移，圣诞节以各种不同的方式改变了宗教内涵。新生婴儿的救世主，绝不等同于送礼圣童或圣诞老人。后两种形象源自宗教游行和路旁歇脚的习俗，他们的出现发生在 16 世纪之前。英格博格·韦伯－凯勒曼（Ingeborg Weber-kellermann）将路边游戏中的"天使"转换成"送礼圣童的符号形式"，作为与改革民族精神严重对立的反向形式；而圣诞老人的文化创意则被归因于天主教，"在圣诞老人的形象中，寒冬里的尼古劳斯（Nikolaus）主教和狩猎保护神（Perchten）的一切特性融汇在一起，构成了背负礼物的老爷爷形象"。他（圣诞老人）又从尼古劳斯的助手克内希特·鲁普雷希特（Knecht Ruprecht）手中接过皮毛大衣和靴子，使其丢掉心中的所有烦恼，蓄着流丽发光的胡子——变成了孩童祖父的形象。他在当下主要背负礼物的功能——源自于尼古劳斯传说，在这一传说中，圣人亲切地将一位一贫如洗但后来第一个成为贵族的农民的三个女儿精心打扮了一番，他以如此美好的方式帮助她们结了婚，并从此过上了幸福的生活，在流行馈赠的中世纪修道院传统中，在遍布西欧各国的节日中发展了起来。自从 16 世纪以来，在欧洲内陆嵌入的尼古劳斯节日馈赠习俗，从彬彬有礼的天主教上层社会传播开来，成为除福音派基督之子之外的另一个节日。直到 1800 年前后，圣诞老人成了唯一遗留下来的带来礼物的人物，"对他实质性的陈述可追溯到莫里兹·冯·施温德（Moritz Von Schwind），他在 1847 年速写了'冬雪之卿'，从而实实在在地宣传了第一位圣诞老人的童话故事"（Weber Kellermann，1968：2f）。

19 世纪早期似乎标志着一种整体上的飞跃，新的资本主义馈赠文化的特点变得清晰可见，并开始以惊人的速度涌现出来。而那些虚构的礼物背负者（圣诞老人、圣童以及复活节兔子）确保了儿童被排除在互惠循环之外。馈赠变成了一种单向的、教育学的交换。人们无需向圣童表示感激，除非孩子们能够顺从父母，并且表现良好。1784 年，令弗里德里希·戈提克（Friedrich Gedike）仍然感到惋惜的是，"教育或宗教的调侃"涉及了建设资产阶级家庭的基本原则，它使"童年"成了一种新的避难所，圣诞节成了一种家族庆典。深受毕德麦雅时期（Biedermeier period）浪漫主义和从众心理的影响，小型资产阶级家庭配备有生活起居室和婴儿房，并受到严厉的家长制管理，在此情况下，它征服了普通家庭的管理形式。即便如此，资产阶级家庭仍然受到宫廷馈赠仪式的影响，而正是这一馈赠仪式，造就了圣诞树下的赠礼节，还塑就了与其相关的神秘形式，这种神秘形式卸掉了人类接受礼物的古老愿望的义务，使其变得不受明显制约。

在改编自柏拉图《会饮篇》（*Symposium*）的圣诞节庆祝活动一文中，弗里德里希·戈提克（Friedrich Gedike）在某种程度上证实了这类家庭在救赎历史时期的地位。圣诞节将其广受欢迎的原因归功于这样一个现实，即"圣诞节走进了千家万户，并在孩子们中间得到了确立"（Weihnachtsfeier，1890：59）。由于圣诞节的主要对象是"儿童"，因此每位母亲都喜欢庆祝圣诞节，每个人都称自己的孩子为"永远神圣的宝贝"，甚至试图找到他们高人一等的灵魂，因为每个人都记得他们自己的童年，并"将自己的诞生看得比基督的诞生还要重要"。因此，大多数节日表现为，帮助资产阶级家庭生活重新整治道德符号框架——小型家庭（三口之家）形成了"圣洁家庭"，而圣诞节也成为其创建的神话。它熔化了宗教内容，并试图用自身来使宗教世俗化。它在另一个领域产生了礼物背负者的现代神话形式，保护并在符号意义上为其提供服务，而非仅仅作为"童年"的新的体制中心。圣诞老人和圣童也以双重意义的减负形象发挥着作用：作为教育形象时，他们转换了保护和顺从的实践；而作为道德经济形象时，他们又以财富、奢华和浪费为方向，转换了新教伦理和资本主义精神的实践。圣诞老人和圣童的形象确保了节日的节庆特点——他们不仅承诺了惊喜，还保证了偶尔一次问心无愧的、稍稍超额的消费。

上述两种神秘礼物的背负者就是那些中间阶段的其中两个阶段，他们暂时浓缩成圣诞老人和圣童，为资产阶级社会创造了时间、空间和良知，而其目的在于，停止曾经世人周知的公开奢侈的消费，并为那些宫廷贵族温文儒雅的生活方式作上标记。这些意义明确的表现形式十分具有现代气息，它们将信念从经济压力中分离了出来，还有条不紊地从必然王国中挣脱了出去。自古以来，从交互仪式到非生产性支出的不同文化模式，馈赠和接受与它们一概不同。然而在当下，伴随着馈赠和移交的节日和礼仪，要比记忆里的苍白岁月要丰富得多。

奢侈的、展示性的消费以及温和的奢侈品，仍然是事实的一个方面，但这一事实并不能证明只有那些充满浪漫主义色彩的商业化的"文化批评"是正确的（而这一商业化也被视为不利于宗教内容）。不管北美当代的圣诞节是否应该真的被看作一个大型的、承载着声望的冬季赠礼节（Levi-Strauss，

1969：55），它仍然会引起质疑，因为家庭结构的主导地位意味着，与传统的冬季赠礼节不同，获得声望的作用不再有效（Caplow，1982：390）。但只有在宏观经济比较中，这些形式才能提供一个恰当的私人礼品经济的视野。因此，在 1972 年的英格兰，人们在所有日用品消费中，礼品消费占4.3％，这在数量上远远超过了其他份额。

制造商销售礼品的价值远远超过了造船业和船用引擎业，几乎接近煤矿业的销售总额。从这个意义上讲，礼品在经济中的重要性是螺母、螺帽和螺丝销售总额的 5 倍，是水泥销售总额的 45 倍，是胶水销售总额的 86 倍。简而言之，这些看似渺小的数据却隐含了十分重要的价值。同样，互惠原则也在个人收入的分配中占据了重要地位，它的价值是我们购买食品花销的五分之一，是购买房屋花销的三分之一，是购买衣服花销的一半。（Davis，引自 Caplow，1982：390）①

在 1976—1979 年间，希欧多尔·卡普洛（Theodore Caplow）着手进行了一项艰巨的任务：重新进行海伦（Helen）和罗伯特·林德（Robert Lynd）在 1929 年和 1959 年对理想的都市中产阶级的著名研究。但他扩大了这一研究的主题，将其扩展到了宗教节日和家庭节日循环的范围。"庆祝圣诞节，作为这一循环的制高点，动员了几乎所有人好几个星期的时间，它创造出的总价值大约占据了年度开支总额的 4％，并居于日常的工作和休闲形式之上。"（Caplow，1984：1307）这一结果为一睹私人领域符号提供了机会，特别是显示了当代礼物文化和家庭个人生活方式的紧密联系。

圣诞礼物的分发严格按照亲族道德规则进行：五分之四的礼物送给了亲戚，该部分的五分之四又送给了直系亲属，因此，经济价值直接等同于关系的亲密程度。到目前为止，最受欢迎的礼物，也就是最昂贵的礼物，只送给狭小的家庭圈子中的人。然而，一项加拿大研究显示，这些礼物的价值远低于托斯丹·凡勃伦（Thorstein Veblen，1970，1899）创造的术语"炫耀性消费"的程度。我们已经注意到，女性的活动方式已经超越了男性：女性十

---

① 可比数据对德国不适用。我们从近来对筛选家庭类型的解释可以知道，在 20 世纪 80 年代中期，第三方每年在礼品上的花销在 300～600 德国马克间浮动，而每年礼品收据的花销在 250～900 德国马克（Clausen，1991：138）。但这一消费并未将家庭内部或晚餐邀请的礼物交换、接待、派对等计入在内。就个人调查来说（无可否认是有限的普遍性），我认为自 20 世纪 80 年代以来，花费在礼品上的经济价值已大致翻了三番。

分爱护礼物，会将它们包裹起来；她们送出的礼物更多，送礼的频率更高；并且女性还会确保公平对待不同年龄层的人。不平衡只发生在代与代之间，因为成年人送礼的次数是从孩子手中收到礼物的次数的七倍多。即使是空间距离（通常是私人关系交际网络的一个重要临界点），也不会在交换圣诞礼物中扮演重要角色（Caplow，1984：1307）。

理想的都市中产阶级的圣诞节遵循着一些固有的不成文规则，监管者也常常无法解释，即便如此，其对圣诞节规约 90％ 的接纳程度依然说明了它所具有的很高的统一性和一致性。

其中一条规则是，生了孩子的已婚夫妇应当装饰一颗圣诞树，没有孩子的未婚夫妇则应避开这一符号，而鳏夫和寡妇则可以自主选择。

> 人们极少去遵循那些由国家安全机构努力用烦冗的文件以及暴力威胁手段强迫执行送礼的任务，由公认的权威机构颁布的不成文规定（没有明显的暴力威胁）却广受推崇。生活在米德尔顿（Middleton）的人们认为，装扮圣诞树是一项完全自愿的行为。他们知道这与孩子们有着某种联系，但却不知道，无论年龄大小，生了孩子的已婚夫妇都需要圣诞树，而没有孩子的未婚夫妇则不能有圣诞树。米德尔顿的居民潜意识中并不将圣诞树看作核心家庭的象征。（ibid.，1310）

按照定义，圣诞礼物必须被包装起来。如果人们不遵守这条规则，这些礼物就不能成为圣诞礼物。而另一条规则规定，必须对储放礼物和赠送礼物的房间进行装饰，礼物交换必须在家庭聚会或庆祝时进行，一顿"传统的圣诞节晚餐"也应属于这一场合的一部分。亲属关系的道德形式不仅决定了节日符号，而且还决定了礼物的选择。

> 一份圣诞礼物应：（a）证明馈赠者对接受者的偏好十分熟悉；（b）给接受者带来惊喜，或表达更多的爱（通过礼物的审美价值或实用价值进行衡量），要比接受者预计的或预先知道馈赠者可能会表达的多得多；（c）按比例缩放经济价值和情感价值的关系。（ibid.，1313）

参与者并不能完全自由地表达自己对当下人际关系网络中礼品经济的评价。因为在这当中，也存在着严格的等级制度运作，其中，已婚夫妇位于顶端，其次是亲子关系，再次是亲密或疏远的亲属，最后才是朋友。

受困于如此广泛而又不明确的规则掌心，年复一年投身于这一践礼的施动者转变了他们的做法，用一种诗意的表达就是——藏而不露，问而不答。

就像其他礼仪场合中出现的礼物一样，圣诞礼物在人们看来只是一种人们愿意追随的传统和优良习惯。然而，对卡普洛来说，无意识遵守规则的令人吃惊的统一性将通过事实加以解释：礼物交换系统的组织类似于语言，在这一系统中，物品代替了字词，成为词汇符号。"从这一角度而言，每个文化中……都存在着一种在特殊场合表达重要人际关系的语言，就好像这一语言拥有文字，并可以出于其他目的去创造字词和组织意义。"（Caplow 1984：1320）与此同时，圣诞节礼品经济中严格的家庭中心模式涉及了人际关系和社会意丛化的类型，由于趋于竞争的现代社会化逻辑和个性化接轨，这一人际关系和社会意丛化也变得岌岌可危。因此，结构功能主义的理论策略并非是唯一通过这一事实解释圣诞节融入家庭制度的方法。现实是，在这个不断变革的时代，人们需要一种内在于情感空间的符号形式，能够使他们通过交际来衡量和稳定个体和亲密关系（Lüschen，1972：520）。家庭利用圣诞节作为表达和巩固其道德基础的社会制高点。因为伴侣和隔代人之间的关系，存在着风险、不安和暂时的不稳定，因此，他们迫切需要最高程度的道德承诺和相互关注。圣诞节不仅在理想的都市中产阶级中是一种对理想家庭周边环境自信心的激励，而且还是一种囊括了以周期性的戏剧形式出现的幸福家庭、母亲和孩子、爱、关爱和渴望等老生常谈的话题的践礼（Caplow，1982：226；Cheal，1988：78）。但是，圣诞礼物才是表达承诺和情感的决定性手段以及在面临经验主义逆境时的保留方法。

礼物和情感合为一体，因为馈赠在理想状态下只是对关系情感状态的实际确认。这在特定场合中就已经明确地被定义为集体的社会稳定性事件。出生、启蒙、婚姻、空间变化和社会迁徙，标志着人们生活的关键所在，而其中，馈赠以大规模的形式组织了起来。

前面谈到的过关仪式，尽管形式多样且意味深长，却并不是礼物大量涌入的决定性场合。圣诞礼物，紧接着生日礼物和"纪念日"礼物，在所有礼物中的比例超过了80%，超过70%的花销被投入礼品经济中——至少，大卫·切尔（David Cheal）在加拿大的研究中是如此证明的（Cheal 1988：149）。类似的场合，尽管会季节性地重复发生，却从过关仪式、宗教仪式或农耕社会仪式的角度，指向了另一个方向。

当过关仪式对个人地位变化进行验证和主题化时，圣诞节、生日和纪念日则强调了关系的永久性和延续性。随着时间的流逝，这些过程仪式也共享了改变的主题，但其本身与关系分离和关系破裂是对立的。"仪式过程所强调的，并不是要通过与过去的形式相对立而做出改变，而是通过已经存在关系的发展潜力进行改变。因此，过程仪式是种扩展仪式，而非对比仪式。事实上，这些仪式是扩大的社会再生产的纯理论仪式。"（Cheal，1988：149f.）过程仪式是对充满戏剧性内容的社会时间的建构，人们依据当今现实证实了关系史，而当今现实又被调整为对未来的许诺。他们庆祝着集体团结的周期性巩固，再生和唤起那些必不可少的感情，并借此模仿了古代社会一年一次的馈赠循环模式，更新了社群的基础、对成员隐含的合理期待以及个体之间的道德约束。

为鉴别社群发起的程度和范围，在涉及过程仪式的范围内，我们足以一探两代人之间的最简关系网络。一个包括了父母、两个孩子和祖父母的以家庭为中心的关系网络（排除所有的社会关系如朋友、邻居以及所有由过关仪式引起的事件），将在一年内发展起一个进行过约 220 次交易的礼品经济，这个家庭中的每一位成员，按照地位和性别，平均进行了 23~36 次馈赠和接受的行为。如果我们将每一个可能的场合以及工作和私人生活间的交往计算在内，可以发现，礼品经济渗透进了当代资本主义组织性的社会日常生活，而同样明显的是，这通常归因于传统社会秩序的有效性。

但是，在某种意义上，我们不应忘记，当下的集体和社群是一种非常特别的类型。而活跃于其中的人们，将暴露在现代化的机遇和挑战中，这个现代化长期以来宣称当今社会不同于传统，并主张生活方式个性化。公共模范和例行活动已不再被认为是理所当然的事，在此情况下，每一位个体都将在最后独立承担对重要个性的发起和延续，并承担不安全的关系。不受职业角色定义的后传统社群建设形式和社会关系仍得到高度的评价，力求个人承诺和交互能力最大化，这立即使得它们的关系更加微妙，也更加珍贵。因此，为了明显的交互形式，个体越来越频繁地被还原，在这一形式中，其内在逻辑将个人表达和社会福利、个人自主和相互认可、个性化和公共建筑结合在了一起。

赠礼现象正在扩增，非寻常展示和反经济的密度也在不断扩大。互惠原则作为对等效性的抗议得到了普及[①]，对"非必然"的重新估价正侵蚀着唯物主义偏见的基础，并表明对"奢侈"的应对将获得最高的社会奖励。

---

① 日常美学策略和超越审美（Soeffner，1986；Berking，1989）处在文化实践的中心，其关键词为"生活方式"，这在社会学中得到广泛的回应。关于其讨论，见博斯和内克尔（Berking and Neckel，1986，1990），穆勒（Müller，1989），路德克（Lüdtke，1989），霍宁和密歇罗（Hörning and Michailow，1990），海兹利尔（Hitzler，1993）。

3. 情感规则

在这个世界上，没有什么是比感恩更美好的浪费。

——拉·布吕耶尔

感恩是一种负担，而摆脱负担是人们的快乐所在。

——狄德罗

现代馈赠被描述成一种高度特殊的交互仪式——这一特殊性表现在其违反市场社会化的力度和与现实反差巨大的魄力及其行为逻辑、主题意象和参照标准上——这些表现将文化现代化的压力转化成了日常行为，并确保了它们对道德经济的适用性。同样，这一仪式中存在一种古老的交互形式，它看似有效，但现在是知识在为之提供现代文化的货币，打开符号秩序空间，设置符号运转模式。知识源自这种交互形式并服务于表达效果。因此，我可以将礼物视为我实际上并未感受到的赞美符号，但通过馈赠，我便能感受到。我可能会完全隐藏自己的表达目的，但仍能在形式上满足我认为他人可能会有的期待。

通过这些游戏策略，我们应该记住，明确的情感表达，可以说是通过仪式表现责任的一部分。这种在交互馈赠形式中的被制度化了的情感规范被称为感激。故意拒绝这种感激就是在破坏这种仪式，与此同时，夸张地炫耀这种感激也会有损施动者自身的可靠性。正如服务要求回报，或者挑战要求回应一样，赠礼也要求表示感谢。在人们之间的交易中，"做出展示后会紧接着表示感激。两个动作合在一起就组成了一个小型的仪式——一种表示支持的交换"（Goffman，1972b：90）。

但是，学会感激是什么意思呢，是感谢某人或甚至欠他们一份情吗？感激到底意味着什么呢？

口头表示感激是日常生活和社会情境中的一个重要部分，其中，礼貌性地表示感激是必要的。问候总是会以"你好吗？——很好，谢谢"的标准形式表现出来。祝贺信、申请书、吊唁信以及一切形式的友好行为，构成了以"谢谢"作为答复和收尾的仪式程序。在"补救交换"中，有关解释、道歉和恳求规则的潜在违规现象得到了处理，在这当中，表示感激扮演了特别重要的角色，并的的确确展现了预期所要求的至关重要的友好行为。戈夫曼（Goffman，1972b）已证实，合理的拒绝和答应要求"在仪式上是等值的"。那些用充分理由拒绝的人不仅掌控了"言下之意"，而且还可能得到了对方的肯定和理解（可能在口头上表现为"还是要谢谢你"）。

正如戈夫曼所设想的那样，在"人际交换"中，感激和表示感谢都是仪式规范。这种规范包括了一方的义务和另一方的期待，调控着仪式、致辞和态度的表现。恰当的手势和话语的交流非常传统，这几种方式大多都很机械。某个人可能会通过让另一个人先走而施以他恩惠，另一方向他道谢，然后又继续走自己的路。这里发生的道谢，其本身就是利益顺序的必要部分。我们对施动者的情感状态却知之甚少。

当相互认可和个人承诺如履薄冰时，仅仅致谢可能并不够。仅仅覆盖交互过程的日常生活是最低的社会要求和缺乏戏剧性的形式，当下，在这些要求和形式中，感激被赋予了话语权。但假如人们违背了这一脆弱的仪式规范，并抑制了这种预期的姿态，那么这种最无伤大雅的情景就会立刻面临一场不小的风波。"可能你至少会说声谢谢"会降低潜在破坏负债方负债程度的最温和的道德谴责。由此，未兑现的票据就此形成，并将通过十分庞大的感情投资加以解决。

当某人投入人际交换中的时间和精力越来越多时，致谢行为的时间和强度也被要求加长和增强。对服务感到不悦或懊恼常常会引发问题：这是否就是所得到的所有报答呢？由此，这就导致了规范的困境——双方的期望和对对方行为的估计并不相符。当内疚发挥作用时，人们就会失去正确的衡量标准。与此同时，"债务"也现身了。

按照交换理论，交互作用的困境很容易成为施动者的基本应用方法（Homan，1961；Blau，1964）。新同事可能会向在公司工作时间久一点儿的同事咨询意见，得到意见之后会表示感谢。彼得·布劳（Peter Blau）写道：

> 提供意见是一种交换，在这一交换中，普通职工通过向同事即专业人士承认自己能力低下以支付同事给予的意见，而同事即专业人士则接受普通职工用于弥补自己牺牲的工作时间说出的恭维话，向普通职工提

供帮助。双方都从中获益。但当超过某一特定点时，该同事即专业人士进一步牺牲的时间，对普通职工而言，将变得比第一次牺牲的时间更昂贵，这是因为专业人士自己的工作开始受到了影响，而普通职工更进一步表示自己能力低下的话语相对于第一次而言变得越来越廉价。在这之后，公司同事将不再愿意提供意见，除非这名普通职工表达的顺从和感激程度变得越来越大。简而言之，交换的价格将会上升。（Hochschild，1983：77）

这种专业知识必然伴随着优越感的思想，与主体成本—收益优化是唯一影响双方行为的潜在设想一样，令人不可思议。但并不难找出其他原因来解释与其背道而驰的现象。这一交互作用可能会在一个愿意提供帮助的共同框架下发生，而这也是基本制度因素之一。这位专家可能是位基督徒，他所重视的东西高于自身利益，或者他也可能出于个人关系，愿意不计利益提供长时间的帮助，等等。按照交换理论，其解释在结构上倾向于忽略适合情感规范的道德约束。发出动作可理解为在不同选项中做出选择，按照最理性的，即最有可能成功实现自身利益的方式做出选择。在这当中，事件必须值得投资，回报必须配得上付出，而感激久而久之则会成为自我贬低的货币。

这些解释，包括其他类似情况下的解释，都被误认为已经超越了功利主义这种错误想法本身，往往还会因短路导致一系列后果。尽管他们想要把交换塑造为一个普遍存在的事实以及社交的主要现象，但他们却系统地忽略掉了包含在交换主体间的质的差异。这些究竟是妇女、骆驼、纽扣还是恭维，看起来无关紧要。

现在，毫无疑问的是，礼物和问候是符号交换过程。但毋庸置疑的是，礼物和问候绝不相同。一方是物质基础，是过于武断的能指；而另一方则是言语和手势，两者都可以渗透到对方当中。礼物，打个比方，可能会在一个冗长的欢迎仪式中被移交出去，而一束鲜花则可能发挥向晚宴女主人致以问候的功能。它们之间存在的差异关系到情感承诺的强度和牵涉的相关后续行为。对于鲜花，女主人感激的方式与问候有所不同。

对比两种交互形式（请求帮助和收到礼物）可见，尽管这两种方式作为感激形象中矛盾的结构特性，可能会结合在一起，但他们表现出了不同的感激方式。在提出请求和提交礼物时，仪式本身包含了以"谢谢"结束的过程，表示感谢是一种义务，而表达义务却并不是必要的，或者比起日常交往的客套话，至少可以忽略不计。

向他人寻求帮助是一件棘手的事。它以社交关系为前提，并对其提出疑问。当人们清楚地了解自身利益受到外界压迫，并意识到需要从他人那里获得自己所没有的东西时，人们就体会到了自己资源匮乏的状态，而这种状态会影响自尊，并能轻易带来自卑感。任何严肃的请求，特别是在两人权力和地位相差无几的情况下，都会使他们之间关系的平衡发生变化。它强调并证实了资源的不对称以及对劣势和优越的情景解释。如果最后请求得到了满足，那么咒语决不会解除。在那之后，第二轮请求开始了，当第二轮与个人依赖相关时，它的难度和第一轮请求相当，并已被转换为了积极向上的情感表达，在此情况下，第二轮请求必须完成。潜意识的自卑体验，与得到物品的喜悦感以及表示感激的义务感交织在一起。但区别这一意丛的是这样一个事实：感恩的义务仍然蕴含着最可能的意义，即看似或实际上低人一等的社会地位。因此，虽然表示感谢十分必要，但却不足以恢复一段对称的关系。与之相反的是，这一苦涩的回味总是能造成憎恨、妒忌、怨恨或顺从，造成这种现象的原因是感激义务保持了关系的不对称这一事实。如果自尊心如此重要，那么轻描淡写地描述所提供的帮助，可能又会被误解为一种高人一等的姿态。

感激的社会构建与礼物接受大不相同。不管是意外还是预期，受欢迎还是不受欢迎，仪式情景再次承担了展示可识别的感激姿态的义务，而不是必须表示感激的情感感知。

然而事实并非总是如此，我们听到了许多不同的近代馈赠的故事。只有当馈赠情景逃离了地位和声望的陷阱，并在社会地位分配上相对独立时（请求关照的负担就无法轻易摆脱了），情感状态中的友谊才能超越自卑，赞赏的对象才能脱离权力和地位的范围。

在日常行为中，我们不太容易体会到感激和有义务感激之间的差异，但它却涉及那些有关事件的行为逻辑，它们的情感要优于表达。任何交互行为都会对某方面造成威胁，并将其推翻，这当中所包含的细微差别总是只在自身的行为过程中发生改变。然而在情感体验中，在是否心怀感激和必须心怀感激两种不同的情景之间，存在着泾渭分明的界限。

感激是一种现代情感，是文明史中新近出现的一种模式，它的出现源于从感激义务中逐渐解脱。换句话说，感激作为一种"纯粹"赞美的情感和表达，只有在感激义务被违背时或转换为其他更有效的社会控制模式时，才会出现。

　　这一倾向于怀旧的馈赠道德，似乎并不适用于对感激义务制度化不信任的情况下（如把馈赠当作机遇），使交互形式本身失效。最后会出现一个社会空间，在此，给这种交互形式让路是应受到惩处的违法行为。政府官员和职员有义务阻止它的发生——对其中一些通过宣誓、握手来进行约束。有关的为官原则和纪律条款制定了什么是需要得到批准的或至少需要授权的规则细节。在这一情景下，奖励和礼物被理解为不仅包含了金钱或价值目标，还包括了其他利益，比如私人公司的特权，即关键所在是既不用担心服务价值，也不用担心失去官方立场的客观情况。对惯例的认可，即通常情况下被认为容易引起反对的微小的个体符（如免费样品），只要在质量稳定，不再分裂成更细小的个体符的情况下，才可能会被默许。同样的事情也可能会发生在公职框架的正常款待上。但当"工作人员"牵扯进以"业务招待费"为基础的活动时，问题就会出现。在这种情况下，策略和敏感度就派上了用场。当然，唯一与馈赠者相关的动机——获利，同样面临着惩罚的威胁。

　　在当下，馈赠对官僚机构和其按部就班、不以情绪为转移的履行原则（不以情绪）及专家决策，比以往任何时候都要有害。它威胁到了管理运算，即众所周知的"非官僚模式"（无息官僚作风）。在公共领域牟利、贪污和贿赂并被驱逐出去的，当然非"凝聚力"莫属，而造成这种现象的原因则要归于自古以来既有的馈赠习俗。许多事情都指向了这一原因，就仿佛人们仍然参与"事物的本质"，并仍有理由担心它。

　　如果正如雅各布·格里姆（Jakob Grimm, 1865：173）所意识到的那样，"一切规则都起源于道德"，那么我们大概可以推测到，这些规则涵盖了一切危险而又充满争议的需要规范的环境。不管大家是否愿意接受，对馈赠而言确实如此，其书面形式标志着传统主义和源自感激义务的救助之间的中立态度。

　　礼物，正如交换和购买一样，是一种契约关系，在这一契约关系中，双方都产生了这种义务。《德国民法典》（简称"BGB"）第 516 条规定："在双方认同捐赠是在无偿条件下发生的情况下，一方通过让较为富裕的另一方给予个人财产所做出的捐赠可被认为是一种礼物。"

　　这里所谈及的捐赠的所有权、捐赠者的自愿性以及接受者的认可，均为整个事情发生的不可或缺的先决条件。但捐赠者必须对接受者的意图以及发生重大过失的可能性保持警惕，因为他对法律缺陷和材料缺陷都负有责任——接受者应注意自己对礼物的评价，其他复杂的情况也有可能发生。一个附带条件的捐赠物，意味着如果捐赠者想要履行这一协议，那么接受者就必须按照要求满足该协议的条件。当法律缺陷或物质缺陷变得明显时，接受者有权拒绝满足捐赠者的条件，但当捐赠物中并无这些缺陷时，捐赠者就有可能向接受者提出要求，归还捐赠物。只有在保留意见的情况下，日常概念所说的"礼物就是礼物"才能属实；当捐赠者遭遇破产，或无法再维持生活或履行义务时，接受者可能被要求归还这一礼物。出于同样的理由，求助方可能会拒绝偿还，除非接受者的经济拮据是由自然原因所造成的。

撤销　第530条："如果接受者对捐赠者或对捐赠者的至亲因犯了严重的罪过而背负忘恩负义的罪，这种情况下，礼物就可以被撤销。"（《德国民法典》）

如果有关归还礼物的法规较为明显地与我们的日常概念相冲突，那么这种名不副实的法律条款就会变得相当复杂。一种日常期望——感激——在这里可被编纂成消极交货（ex negativo）。捐赠者对不再属于他的某物的专有权既非来自物品本身，也非来自接受方的某种互惠义务，而仅仅来自后者的实施行为。这与捐赠者要求从接受者的未来行为中得到权力是一样的。

由于交换以具体化形式作为权力问题再次出现在法规中，交换让我们忘记了礼物是人与人之间的纽带。礼物是过去馈赠道德（更薄弱）的关键因素——具体地说，是接受者避免事情变糟的义务——从而规定了这一关系。对马瑟·莫斯来说，由于"忘恩负义"而撤回的礼物（已经在罗马法中被发现），是一种"自然法规制度"。在第三方窃取礼物之前，无论是谁控告了其捐助者，他都犯下了十分忘恩负义的罪行，就像不忠的情人向其女友承诺一起环球旅行，却在最后失信一样。

但这里要再次声明，法律并不会坦率地通过礼物交换的实践表达自古便被长期否定的一面，即这是一种以利益为引导的交易，这种交易无法也不能使自身暴露于风险之中。尽管不予认可，但这种交易在成为他人义务期间，随着时间的流逝展示了其全部的"意义"。因此，当他们发现"纯粹"作为礼物的想法不受交互义务约束时，法典的解释在系统上就缺失了这一项说明（Rost，1989：99）。

随着时间的流逝，债务人的时间也在消逝，《德国民法典》在定位上显得十分传统。十年之后，咒语被解除，债务人所有的选择也得到了恢复。而就法规本身而言，其规则十分消极，乍一看还不堪一击：用这样的方式来避免自己留下忘恩负义的印象。真正的感激是不需要被要求的（是自然而然发

27

生的）。现代法律系统重新调整了对未发生的犯罪的制裁，从根本上削弱了对日常馈赠中发生的内在的道德关注。就这一角度而言，感激义务带来了一种相对累赘的产权负担，通过这点我们应该记住，捐赠者有权要求受赠者的未来行为以及要求归还礼物的各种防备手段，有权规定不对称分配在契约关系中的权力与义务。

感激和感激义务之间的差别被认为在人们的内心世界中根深蒂固。而感激之情则调节了互相赞美的过程，即这项义务后来单方面强制性地提高地位。即使是作为一种道德假设，它也仍然保持着一种义务关系。它要求接受者扮演捐赠者十分需要的角色，从而使捐赠者在外人看来是：仁慈、慷慨，而又高尚——简言之，就是至高无上的。

接受者——通过感激义务——转换为利他的表现价值，这种现象发生在许多合乎情理的、被人需要的，或者制造者本人出于战略目的而要求的，或者是在理所当然的情况下，但这对权力关系所进行的改变微乎其微，其中对优势和劣势的识别则很冒风险。然而，对捐赠者来说，为展示自身，行为塑造要求是必不可少的，它径直冲破了主体形象和个性化个体的理想性格。

这种交互形式只有在面对捐赠者时，才能对沮丧起到相对的预防作用。假设第一次的行为成功——不管可能出现什么反应——都不能阻止捐赠者实现所投入的符号剩余。拒绝感激义务，或者甚至表现出忘恩负义的行为，实际上，都会帮助其全面实现预期表现。最忘恩负义的人恰能确定其他人的宽宏大度——这是一种可被转化为绝对优势的社会资产。

直到 20 世纪初，责任成了有关感激的话语基础。格奥尔格·齐美尔是第一个转移重点的人。他的《论忠诚与感激》（*Exkurs über Treue und Dankbarkeit*）开阔了人们的视野，他将其他情感也考虑在内，当然，这是在未完全剔除传统道德非难的情况下进行的。

首先，它是对法律秩序的伟大增设。所有的人类交流都依赖平等撤销模式。如今，平等可被强加于诸多撤销和服务的案例当中。在所有发生在法定形式的经济交换当中，在所有对服务回报的规定公约当中，以及在所有源自法律监督关系的义务中，宪法强制执行双向服务交易以及退货服务，并保证在没有交互原则的情况下，就没有社会和平与统一。但法律形式对许多关系是不适用的，在这种情况下，对撤销的物品进行强制平衡的说法将不复存在。在这里，感激以结合互惠关系、双向服务交易、退货服务的形式出现，即使没有外力可以确保其发生。（Simmel

1958：443）

对于齐美尔而言，交换既是一种起点，也是定位感恩的背景。不同于社会化的主体形式那样，只有客观的类似物才能被交换——人类本身也变得"毫不相干"——人和人之间的关系逐渐成为物与物之间的关系，感激也出现并从人际互惠中分离了出来。现在，发生在商品一方的现象作为人际互惠进入了人际关系中。感激是"接受行为也是馈赠行为的主体残留物"（ibid.，443）；它是"人类的道德记忆"（ibid.，444），一座通往他人的桥梁，它所指向的社会学意义已经超过了馈赠与接受的瞬间动作，将早期与后来的行为结合在一起，并保持长时间的效度。尽管最开始感激只是种纯粹的个人情感，但后来它逐渐成了最强的社会纽带之一，因为它创造了"任何个人服务都无法违背的""普遍义务的和睦"（ibid.，447）。

作为馈赠与接受之间的平衡模式，感激被归为互惠原则可能是件毫无疑问的事。所有道德秩序核心的普遍性规范，即人们所接受的互惠服务规范，从报复或反击的意义上来说，保证了优势与劣势的交换。互惠并不等于等值，与其如此，还不如说，互惠等于充满不同因素的文化决定的"涵义近似"。"道德迫使人们向他们的捐助者表示感激"的时刻到了（ibid.，104）——但，是什么力量迫使他们这样做的呢？这是以结构性劣势、不对称关系以及某种意义上的互补性为特征的时段，直到和平、权利和义务得以恢复且分布在同一方面。强制个性可能会以这种方法被描述出来，但其中并不包含阻碍因素。感激需要一种不同的语境化。

尽管齐美尔观点中也暗含互惠原则，但其中心论据远远超过了这一框架。在他看来，互惠原则尚不符合标准，因为感激不只是对某种利益做出反应，还针对捐助者的实际捐助对象，在此情况下，事情仅因人际关系的"偶然原因"（Simmel，1958：446）出现。齐美尔远不止区分了人际关系的感激与通常情况下有针对性对象的感激形式。就馈赠交互形式而言，他认为自己已经找到了对接受者提出道德要求的某一时刻。只有第一份礼物是在"自愿"的情况下，即初次开销才能表明感激是自发发生的，即"没有义务，包括感激义务"（ibid.，446）。与康德（Kant）在《一击之力》（*Coup de force*）中"构想的义务与自由完全相同"相反的是，齐美尔再次宣称，义务与自由是不同的，他认为完全自由的感激只能在断念的一方存在，而不会出现在责无旁贷去做某些事情的另一方，这一想法在一个世纪以前还可能从道德严格主义中溜掉。

除此之外，只有超越义务之外的自由才可以被理解。

起初，为何不感谢？这种纯美的、自发馈赠的、从灵魂的深渊绽放出来的行为无法被任何礼物平衡，无论这礼物有多伟大，总有一种遗憾……情感，而这一情感就是：我们不能交换礼物……也许，这就是为什么许多人收到礼物不开心的原因所在。不仅如此，还尽可能地避免这种情况发生。如果捐助和感恩只关心礼物对象，那么将无法被人们理解，因为随即而来的报答行为将使得一切又恢复平衡，并完全将这条内在联系融解掉。然而，事实上，人们有一种本能的意识，认为归还礼物并不能保留第一次送出的礼物时自由呈现的关键时刻，所以，接受礼物的行为将人们置于义务之下，而这一义务是无法被融解的。事实上，这类人对独立性和个性通常有着十分强烈的动机，这表明，感恩情景很容易保留下这一纠结之处的细微差别，从道德上来说，它就是性格符号。(ibid.，446)

齐美尔通过自由和义务之间前所未有的差异，对义务的不稳定方面进行了解释。所有的事情都集中在了初次发生的动作上，即"启动机制"(Gouldner，1975b：251)。尽管循环复杂的、长期交换的情况像馈赠义务这一问题一样被隔离开了，有关自由的观点将传统馈赠道德从现代馈赠和感恩义务中划分开来。最初礼物的自由是资产主义主体通往"乌托邦"的密码，也是彻底的物质社会田园诗篇。在这一物质社会中，内在交际结构中存在这样一个趋势，即关于彼此认可的斗争越来越不能通过物质基础得到缓解，相反，必须通过主体形象和人格理想来解决。

这一转折点在文化史中更能得到准确界定。发生在主要词组中的语义演变——献祭、负债、义务、感激——表明在感激义务产生并逐渐消逝的路上，感激成了新的情感状态的标志。馈赠就是按照这种文化框架来建构的，从再生产强迫交换中脱离出来的礼物，它仅以私人关系符号表达的形式出现。

第二部分　馈赠的人类学

前文对馈赠现象学的一些介绍已经帮助我们初步认识了现代社会中的道德经济。日常交互行为摇身一变，成为道德准则的节点。我们之前已经提及互惠规范和认可关系、规定义务和情感纽带、社会赞扬和个人自主，还有符号权力影响、社交不对称性以及受伤的自尊心，不过此时还尚未充分阐明它们在整个系统中的地位。一旦人们认真对待这一目标，并试图在道德经济的背景下重建馈赠理论，那么就有必要将明显决定（散乱无章的）馈赠与接受的更广阔的范围包含进来。由此看来，我们可以说，"礼物"本身自然而然成了定点，并为自己提供了这一定点。

礼物交换不仅是古代社会自我再生产的重要形式，馈赠与接受也是基本活动。通过这些活动，人们的社交能力有所提高，社群建设进程也有所依据。"总而言之，馈赠起着很强的社会学功能。在社会中，如果没有馈赠与接受行为的反复发生——在礼物交换之外也是如此——社会也就无法存在。因为馈赠绝不仅仅是一个人对另一个人的影响，它还是社会学功能所要求的具体存在——它是人际互动。"（Simmel，1958：444）

馈赠是如何建立在符号秩序之上的，符号秩序又是如何发展有关馈赠的道德规范的？这两个疑问，将成为接下来人类学章节的主题。

4.　礼物

第一个送礼的人，我称他为人中之王。

——《吠陀经》

人类社会很早就有了礼物。礼物将一切事物都连在一起：献祭、责任、债务、战争、和平以及声望和地位。礼物很快就呈现为符号形式以及社会整体的物质基础。它构成了一种交换，这种交换不可逆转地统一了经济、权力以及道德、图腾和文化。

与布罗尼斯拉夫·马林诺夫斯基（Bronislaw Malinowski）的《西太平洋的航海者》（*Argonauts of the Western Pacific*）首次出现的时间大致相同，马瑟·莫斯的论文《捐赠》（*Sur le don*）具有划时代的意义。这部作品的迷人之处，不仅在于它使用了比较研究的方法，使丰富的民族志材料得到了系统的整理，最重要的还在于他使馈赠大白于天下，触动了人们不安的神经。[①]

古代交换将自身展现为互惠礼物的体系。该体系是由少数个体构成的集体——家庭、氏族、部落，无论是作为集体出现还是通过杰出人物的行为来展现——完成他们的社会再生产，这一现象在新石器时代十分普遍。馈赠的场合多种多样——出生、启蒙、婚嫁、死亡和联盟——而馈赠的动机也绝非仅限于经济原因。因此，出动的商品数目十分庞大，它不仅是有用的财产，不论是动产还是不动产。

> 礼物交换大多出于礼貌：宴会、仪式、兵役、妇女、儿童、舞会、节日和集市等，在这当中，经济交易仅仅是其中一个因素，财富的传递也只是通用和持久的契约特征之一。最后，这些总体性服务和反向服务

---

① 格奥尔格·埃尔韦特（Georg Elwert）精辟地指出，20世纪早期的指导方针仍然可以归结为礼物馈赠和互惠表达，这是一种超越个人资本主义的社会承诺（1991：160）。

以一种非自愿的形式化身为赠品和礼物，尽管在最后分析中它们具有严格的强制性，但违反者会引发私人纠纷或公开冲突。（Mauss，1990：5）

莫斯将古代交换称为"总体性服务系统"，其中每一项服务的范围都辐射至整个社会，并且这些服务都有着类似的经济、道德、宗教、法律以及（相当重要的）审美特征。这一系统呈现为两种基本形式：以联盟为目的的交换，还有以斗争和竞争为动机的交换。前者的理想模式为两个氏族的联盟，包括两个部落之间在祭礼、婚礼、军事活动以及祭司头衔等方面严格的补充。这一"竞争"形式以奇努克语（Chinook）所称的夸富宴（potlatch）为代表——意思是"馈赠"或者"浪费"，或者用夸扣特尔语（Kwakiutl）说就是，"心满意足的地方"。夸富宴主要将自己表现为一种"破坏的较量"（Benedict，1935：193）。

靠大马哈鱼和沿海捕捞为生的北美洲人十分富足，他们在"持续的节日"中度过寒冬，并且在拜神、图腾或者祭祖活动中——宗族、婚嫁、启蒙、萨满降神会和会议——被编织进了人类社群、部落、部落联盟，甚至全球范围内的仪式、总体律法、经济服务以及政治阶级分配的牢不可破的网络、宪法（Mauss，1990：6）。然而，其中最重要的因素是竞争和对抗原则，至少初看之下，它们是社会整合中一种复杂的形式。

　　他们一路长驱直入，只为搏杀首领和贵族。而且，他们越走越远，直至他们积累的足以超越劲敌以及同伴（通常情况下为祖父、岳父或者女婿）的大量财富完全损耗殆尽。就其意义而言，这里出现的总体服务实际上是族长代表整个宗族所有成员和其拥有的所有财产订下合同。但族长进行的这项"服务"行为呈现出一种竞争的特性。从本质上讲，这项行为是高利贷，并且禁止奢侈。它是贵族间建立等级制度的一种斗争，以便各自的宗族能够在将来获益。（Mauss 1990：6）

这一体系在美国西北部的沿海部落中得到了充分的发展，但其构成因素在几乎所有的文化阶段中都发展缓慢。

再次重复我的观点，古代交换以礼物的互赠形式出现，或者更确切地说——就像杰纳斯①的脸一样，是自愿与义务共存、无私与利己同在的服

①　罗马看门的两面神——译者注

务。"这项服务总是采取礼物的形式，而其赠出则总是在只有客套话、形式主义和社会欺诈以及义务和经济利己主义的情况下，伴随着交易的姿态送出。"（ibid.，3）但礼物交换既不含交易者和金钱，也不含供其使用的现代契约形式；既不熟悉商品，也不受任何价值规律约束。我们应该如何理解其显著高效的强制性特征呢？"在后进社会或古代社会当中，是什么样的律法与利益规则导致接受了馈赠就有义务回报？礼物中究竟有什么魔力使得受赠者必须回礼？"（ibid.，3）

长期以来，这些问题的答案（由波利尼西亚被调查者谈论的有关礼物交换中所收集到的信息推断得出）本身就是民族志的争议话题（Levi-Strauss，1987；Firth，1959；Sahlins，1972）。它是"万物之灵"，是强制互惠的神秘特性。古代礼物交换使得对可免费得到的物品一概不知。不同于罗马法和现代法，事物本身被赋予了权力：它们在被送出去时仍保留了与主人的关系。作为礼物，被接受的物品通过神秘力量、宗教力量、道德力量和法律力量将馈赠者和接受者连在了一起。作为权力本身，礼物将这种权力传递给了礼物持有者。符号暴力在试图和解和结盟的交换仪式背后埋首以待，而回赠的义务，可以说掩身于对神秘报复的恐惧之下。

> 一个人必须回赠礼物实际上是他天性和本能的一部分，而从某人接受某个礼物也就是接受了馈赠者的一部分精粹。保留这种东西是危险的，会带来死亡，不仅因为这样做违背了律法和道德，而且因为它在道义上、身体上以及精神上来自于某个人。精粹、食物、物品（不管是动产还是不动产）、妇女、子孙、仪式或者交流行为——都运用神秘力量或宗教力量控制着人们。最终，送出的礼物一直在流动。带着升级和个性，礼物力图回到赫兹（Hertz）所说的"最初的地方"，或代表所孕育的宗族或故土，从中繁衍出同等的物品来替代它。（Mauss，1990：12—13）

以理性的方式，莫斯通过增加回礼的义务完成了总体性馈赠系统的操作框架。所有人都有赠送礼物甚至拒绝接受礼物的义务，否则就等同于在社群中宣战。

当卡尔·马克思（Karl Marx）发现了商品拜物教时，马瑟·莫斯也公布了礼物的不吉利形式。"所有关系都混在了一起。"礼物交换既非事物的客观联系，也非人类的人际关系（Stentzler，1979），物品（在某种程度上为

"灵魂"或可被命名、可被杀死或带来死亡的人)、个体以及群体（在一定程度上将人们看作物品）保证了事物的流动，就好像存在着"社会阶级、性别以及代与代之间涵盖了物和人的持续的灵力交换"（Mauss，1990：14）。

作为卓越的社会凝聚力组织原则，礼物交换不能简单地等同于社群的再生产循环。相反，它涵盖了生者与死者，包含了馈赠者赠予物品和接受者亏欠物品的本质，以及人们为获取更多份额而向超自然力和神灵做出的一些牺牲。把礼物交换建立在献祭的基础上，这十分吸引人，因为可以将之作为理性的献祭而置于文明史的视野之中。但这种方法在馈赠中从不表现出来，对于这一方法莫斯做出了重要的贡献，我们稍后将详述。在这里，莫斯的主题是克服危险的初始状态，结束一切对抗的战争，将霍布斯提出的自然状态转换为和平和社会化的契约形式。礼物为隔离社会呈现出现代社会的状态，它创造并确保了自然和平。莫斯的馈赠"是一种针对蒙昧人的合约"（Sahlins，1972：169），其原始情景是：两个陌生人相遇，因放大的恐惧和仇恨而呈现出一种"陌生的态度"。

> 在起初的社会，以及我们周围的社会，乃至在我们的通俗道德文化中，并没有中庸之道：在对某人的女儿或物品短暂的示好行为时，或完全信任，或完全不信任；或摊开手心放弃努力，或张开手臂竭尽全力。在这种心态下，人类放弃了他们的储备物并致力于馈赠和回报。这是因为他们没有选择。两个群体相遇，不是分离，就是争斗（当他们向对方表现出不信任或发出挑战时）——或者他们还可以谈判。人们总是与陌生人"做交易"或者联盟，直到法律体系和经济发展离我们越来越近。在特洛布里恩群岛上，基里维纳人对马林诺夫斯基人说："多布岛的人没有我们基里维纳人好，他们非常残暴，会吃人。刚到多布岛的时候，我们都很害怕他们。因为他们随时都可能杀了我们。但当我狠狠地吐出生姜时，他们的态度发生了转变。他们放下了长矛，并接纳了我们。"没有比这更能解释节日和战争之间的不稳定状态了。（Mauss，1990：81－82）

礼物使我们联合、团结，成为一体。从某种意义上，所交换的礼物被视为人，而牵涉的人又被视为物。礼物交换创造了新的社会融合形式，这种社会融合最终摒弃了亲属体系的自然纽带。正如政治哲学家指出的那样，这些系统并不是建立在可见权威以及权力的原始行为中——即并未建立在以上状态中，而是建立在礼物之上（Sahlins，1972：170f.）。礼物就是原因本身，尽管它以不吉利的形式出现。"通过理性抵制情感，通过和平探索抵制突发的疯狂行为，人们成功地用联盟、礼物和交易取代了战争、孤立和萧条。"（Mauss，1990：82）

在莫斯对古代交换①分析之后得出的"一般社会学和伦理结论"当中，其描写角度使文明史的轮廓更加明朗，更加清晰。

> 社会就其本身、子群以及其中的个体而言，得到了发展，并成功地稳定了关系。馈赠，接受，最后，还有回报。想要进行交易，首要条件就是放下武器。从此以后，社会以及社会中的这些团体和个体就能成功地交换商品和人质，交易也不限于宗族间，而是在部落和国家之间，以及最重要的，在个体之间。只有在那时，人们才学会如何创造共同利益，如何相互满足，最终学会如何在不借助武器的情况下保护自己。此后，宗族、部落和个体学会了在不牺牲自己的情况下与他人对抗……这是属于他们智慧和团结的永恒的秘密之一。没有其他道德规范和其他形式的经济，也没有其他社会实践可以像馈赠一样施行拯救。（ibid.，82—83）

馈赠将集体与集体联系在了一起。基于群体对世界的神秘描绘，动机、场合和践礼均指社会学上的体验。隔离社会或二元社会通过这样的方式来组织成员，一分为二的社群在竞争和联盟之间维持着复杂的关系。

建立在亲属关系上的机械的团结（Durkheim，1964），劳动力的精密分工以及相似的生活方式，确保了社会单位在世界范围内的严格互补，确保了单独个体通过与另一方的成员关系来定义自己，也确保了根据主要的组织原则。亲属体系广泛而多样地延伸和明确化，产生出社会整体。婚姻与血统是建立隔离秩序的核心所在。

结构人类学推动着这种语境化向更为激进的方向发展。克劳德·列维-斯特劳斯（Claude Levi-Strauss）从这种观点出发展开了研究：亲属体系本身只是对更基本的符号系统的展现——交换系统——其本质功能在于生成婚姻规则、禁例以及明确债权人和债务人的关系。在这项分析中，血缘关系规

---

① 德里达（1993）后来给出了更生动的表述，借助于莫斯的"一个人必须"的文字游戏，论文"捐赠"以独特的方式站在礼物一边，论述关于礼物、慷慨以及奢侈的高雅形式。因此，伦理结果取代已有的地位，在事实上建构了话语本身的规范性前提。

则是一种交换规则，在这种交换中妇女是基本物品，具有最高价值，但婚姻才是这一交换的原型。克劳德·列维－斯特劳斯反驳莫斯，指责他在重构交换时从总体服务的三项义务来分析，犯了"经验主义"的错误。"交换并非一种借助某些情感和神秘内容而建立在馈赠、接受和回报义务上的复杂体系。它是一种符号思维，是馈赠与接受时就已形成的综合体"（Claude Levi-Strauss，1987：58）。在《亲属关系的基本结构》（*The Elementary Structures of Kinship*）一书中，他的推理十分成功。各式各样的文化模式凝成了精炼的逻辑结构，近亲结婚以及异族通婚几乎可被看作补充了交换关系的制度化模式，是支撑交换符号系统的互惠原则的表述和规范。最后，还讨论了建立在"无意识的精神活动"上的心理结构。

当然，此时此刻不宜去评定"无意识的精神活动"，这一符号系统和逻辑学成果的结构主义转换规则。[①] 但仍有许多概念需要确立，如妇女的交换。当她们被视为一种交换物品时，在古代社会起着关键作用。亲属关系决定了物质和符号物品的分配，地位和等级、权利和义务也按此分配、获取或罢免。

如果说婚姻和血统规定了社群的外在限制条件，亲属关系则在内部调整了互惠服务的道德经济。莫斯区分了总体服务系统中的两种形式——联盟和夸富宴。马修·萨林斯（Marshall Sahlins）结合卡尔·波兰尼（Karl Polanyi）在经济史上的研究，将这一结论浓缩在了互惠原则和重新分配原则当中。[②] 交换双方之间的互惠关系，以及作为渐进式获取手段的通过首领所组织的再分配交换关系，这两种形式是一种连续统一体，其中隔离社会负责实现交换关系。尽管再分配交换只是一种集中的、组织有序的互惠形式，但它指向一种新的社会聚集形式。互惠主义是一种"中间关系"，它为了不同的利益规范了双方的交换；它保留了交换的二元性，并产生了对称性。换句话说，重新分配是一种"内部关系"、群体的集体行为，和通过首领展现的社会统一的补充。当下，首领起着"部落银行家"的作用（Malinowski），而互惠主义的再分配团体早已包含在社群潜在的政治组织之中。政治忠诚或个人忠诚可能会出现在亲属关系中，正如它出现在美拉尼西亚

---

① 关于结构主义人类学范式的评论，见莱佩尼斯和里特尔（Lepenies and Ritter，1970），耶格（Jaeggi，1976），施藤策尔（Stentzer，1979），布尔迪厄（Bourdieu，1990）。

② 马歇尔·萨林斯（1972：246f）收集的材料为不同文化中对互惠关系、亲属关系、等级制度以及财富分配的规范进行了指导性回顾。

（Melanesian）的"大丈夫"（big man）系统中一样。

> 部族交流仪式以及中央集权的仪式，其再分配制度在社会意义上保留了整体的结构。实惠利益可能很关键，但无论实惠利益有多大，都合并成了统一和集中的精神，又编织进了结构，并规定了中心结构和社会行为（Sahlins，1972：190）。

互惠原则和再分配原则之间的类型差异并非没有问题。在遵守互惠原则的一般规范时，再分配只是互惠服务的发展变体。只有当社会整合重组有争议时，即二元结构向集权制社群转变时，他们之间的差异才会变得突出。人们应该意识到，互惠原则是古代经济的交换形式，用于互惠的礼物和义务一如既往地推动它朝着交换的互惠观念发展。可是，这一看似"经济的"礼物交易和礼物回报主要对初始时期、制度化和公认的关系起作用。义务"假定会着眼于与利益紧密相连的交换物品"（Mauss，1990，33），这一事实让我们牢记现实当中总是在检验或者产生某种标准，从而将互惠的可预测形式引向了交互形式。"在现实当中，这种社交生活符号——对交换物品的永久影响——仅作用于在一定程度上直接反映这些隔离社会中的子群当中发生的行为（属原始类型，并时常受到彼此约束），使人感觉自己对另一方很是重要。"（ibid.，33）互惠和交换并不相同，即使两者在古代经济中还未从彼此中分离出来。因此，保留这一差别十分重要，因为它意味着两者之间存在深层次的差异，即馈赠主要适用于互惠原则而非交换原则，适用于社交关系而非占有和财产转移。因为尽管这一困惑使莫斯不断提到礼物交换，我们仍然应该坚持他的发现，即礼物和交换并不等同。

通过极限假设法来理解互惠服务的延续性可能是最简单的。一方面，我们摸清了马林诺夫斯基的"纯礼物"、婚姻和亲属的义务、各类帮助、热情好客、非正式的礼貌，以及与地位、礼仪紧密联系的义务和终极的高贵责任。积极的互惠，即"一般性互惠"（Sahlins，1972），产生了交互关系，并很容易接受单方面的交换关系（即使这一关系是长期的）。人们赠送礼物，并期望在未来的某个时候得到回馈，其价值和衡量标准仍旧含糊不清，而这取决于社群的定义。"人们对互惠的期待是无穷尽的。"（Sahlins，1972：194）

另一方面，我们发现了幻想式的做法：接受而不回赠（占便宜），不劳而获。消极互惠将社群定义为可以接受馈赠而无须回赠的地方。不劳而获的意愿和对不劳而获想法的约束一样悠久。当然，只有其反面才能被制度化，馈赠而不接受的义务（Gouldner，1975a：266）。慷慨具有地位和权力上的内涵，只有从属和高位才非常有可能涉及这一极端性表现，即位高责任大。

最后，运用语言学上的罗马法律公式"以物换物"（Do ut des）来看，这一观念（以物换物）同样建立了交互关系，在很大程度上，双方都有向对方馈赠或回赠的义务。"馈赠是为了回报"——互惠平衡——是一种规范取向和交互形式，支撑了莫斯对馈赠的阐释，馈赠是邻里和平联盟的策略。

不同形式之间、互惠服务度量与价值之间、权利与义务之间的差距都是在社会中建构起来的，其结构和有效性来源于亲属团体的距离。简而言之，互惠、道德和亲属关系形成了不同的类型模式，即"地形"秩序。萨林斯（1972：199）在下图中表述了这一观点。

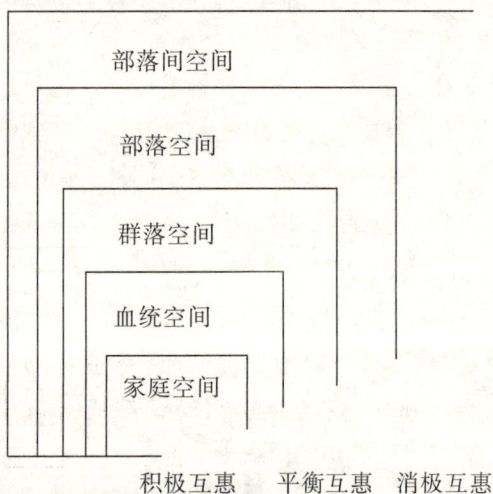

积极互惠　　平衡互惠　消极互惠

如果整个空间代表了不同级别组成的等级结构，那么所包含的每一个社会空间都形成了道德秩序的结构片段。家庭成员和近亲趋向于积极互惠形式；而在村落社群边缘，这些关系会开始变得危险且不稳定；种族间的空间便首当其冲成为"未命名"范围。亲属关系结束之处，也是双方权利和义务的社交圈终结之处。社会整合程度通过所处空间表现了出来，且在社群面对面的行为中得到最集中的体现。社交距离越大，群体的规范标准就越不牢靠。在道德经济自我证明的情况下，互惠原则和道德自身也被赋予了类型定义。比如，礼物、帮助和聚餐本身并无好坏之分，但却因为对方姓甚名谁而获得了规范内容。

在理论建构中，试图从延续相互关系的极端性来理解互惠原则，这种看似不自私且自愿发生的交换模式是建立在家族生存经济之上的，它理所当然地被视为规范标准。在这一标准中，任何程度的背离都必须表现对这些规范的削弱。互惠原则和道德原则在交际边缘会成为强弩之末，而族群边缘形成最外围的限制。交互关系的途径从通过婚姻、结盟和平衡交易关系建立起的家庭团结形式到绑架和战争，从看似大公无私到明显自私，人们几乎可以将这个过程看作高效的企业经营。但实际上，它是经济领域的边界，其内部充满了矛盾，因此需要规范，这种状况不仅需要用仪式打上标记，而且还需要被仪式渗透进去。借助于社会的权力想象，它们立刻成为符号永不停息的运转场合和目标。其目的不仅在于从社会关系模式中消除利己主义，将其转变为系统错误认可的集体行为，并用自发的相互关系中的"真诚的谎言"（Bourdieu，1990：112）替换不可避免的利己网络。与扇形边界尤其是部族间空间与互惠模式的构建逻辑相反，它们中间出现了越来越多的符号秩序，其中"库拉"（Kula）① 可能是我们所知的最成熟的一种仪式形式。

有些社会的符号表征系统否认经济利益，正如符号操作不能将那些不确定的社会裂缝转变成二级或三级亲属关系；正如，即便需要艰苦地谈判以维护特定利益，首当其冲且十分必要的是找到一种关系公式，礼物交换仪式的形式渴求这一公式；正如这一公式迫切地需要找到可以认可的仪式一样。如果因手足之情而产生礼物，那么正是礼物促成了这段手足情谊。服务和回报服务，特别是在"表达馈赠"的平衡互惠原则范围内（Sahlins，1972：201），成为发展仪式的强制性基础，而新的仪式则至少要承诺废除利己主义法规。礼物可能无法完全缩小利己的群体利益与策略、计算未知的团结关系间的差距，但它能够通过将"假装"原则制度化来衔接这一关系，以便至少能够通过灵力或暴力的报复来惩罚那些违背原则的人。由于这一交换涉及"互惠"馈赠而非等值馈赠（Sohn Rethel 1972：142），因此所有的注意力（似乎未进行过估算）都可放在馈赠行为的符号层面以及交互形式上，这一交互形式只作为关系公式，在阶段性慷慨和自愿交换中。

一切都集中在平衡互惠原则的极点上，因为在问题空间中，社交关系作为人为的符号作品先被创造和表达出来。但随着礼仪强迫症变成了可被认可的强制力，形式主义也容易被认为是虚构的。鉴于这种情况，民族志话语很

---

① 美拉尼西亚群岛东南部特罗布里恩德岛民的交易制度——译者注

难能抵制由古代交换降为经济真相的"客观"核心的诱惑，相比于古代社会的践礼，这一"客观"核心似乎与观察者的世界观更相符。但为了把握这一群体共享的谎言的社交意义，仅仅将礼物的形式主义矫正为社交谎言是不够的（在这一谎言背后，赤裸裸的利益随着需求的增长而隐藏了起来）。用布尔迪厄（Bourdieu）的观念来讲，在这种拒绝认可经济资本的社会中，所有实践策略（包括经济实践策略）都经历了一场巨变；符号资本构成了"利益积累唯一可能的形式"以及礼物交换唯一"合理"的媒介（1990：118）。

礼物的概念十分重要，几乎所有的事物都必须通过它才能弄清。一旦从具体的交换行为和与目标相关的利益中抽取出来，就只剩下一个简单的模式：遵循挑战、回应和胜出的逻辑。馈赠游戏类似于荣誉游戏，绝不是通过互惠原则循环进行的零度博弈。它是社会分化的做法（modus operandi）。特别是时间结构的调整以及赠礼和回礼之间对时间的自由塑造，为实现符号剩余提供了机会。与此同时，以互惠原则为中心的馈赠关系转化为个人依赖关系的决定性途径。

> 礼物交换延迟，因此掩饰了这一交易（理性契约可聚焦于瞬间），因此，如果说它不是唯一实践过的货物流通模式，那么它至少也是唯一能在那些卢卡奇（Lukcas）所说的否认"生活的真实基础"的社会中被完全意识到的，也是唯一一个设定（以及主导）可持续互惠关系的方式，伴随着代表制度化主导初始的插入时间。（Bourdieu，1990：112）

从互惠服务的对称性到再分配组织关系的不对称影响，从水平结构到垂直等级，这一转变十分缓慢。家族地位以及论资排辈原则以群体神秘主义的世界观为基础，但光凭它们并不能证明政治规则的合法性（Eder，1976）。政治权威只有通过世袭阶级和互惠原则的再分配组织相结合才能建立，但古代"政治学"的经济基础被认为十分慷慨。"从更广泛的角度来讲，整个政治秩序都是通过在社会阶级中上下流动的物品所维持的，其中的每一份礼物都不仅仅意味着地位关系，还（作为没有直接回报的广义的礼物）以强力获得了忠诚。"（Sahlins，1972：206）与古尔德纳（Gouldner）对互惠规范的"启动机制"[1]观点类似，萨林斯将慷慨描述成政治交互的激发机制，"因为

---

① （互惠）规范有助于社会互动，并且在某些群体建立有差异的和习俗化的身份职责之前的早期阶段就起着作用。

是它创造了追随力"（Sahlins，1972：206）。

财富产生了馈赠的义务。拥有财富的目的在于赠送，而只有通过馈赠才能拥有财富。只有慷慨才能唤来声望，在慷慨和声望本身成为财富的象征之后，又能带来财富。[①] 等级符号、地位义务以及最高美德都与其合为一体。[②]慷慨表明并认可了社会地位的实践证明，该社会地位证明了"经济资本"的积累只是为了招摇地分配，以保持礼仪优先的状态，因为在实际情况中，循环及流通确保符号信誉不断地在义务、忠诚和顺从中得以提升，在服务和关系中得以增长。[③]

礼物再次发挥了它的魔力，将社交差异转换成了官方认可的互惠原则，因此久而久之（a la longue），其所属范围也由忠诚和拥护转移到了保护和服从当中。非互惠性质的礼物会产生债务，礼物本身也会成为一种债务，它证明了人们对关系的依赖远远超过互惠时间。而正是通过馈赠，被认可的权力、忠诚义务、忠诚关系、阶级和威望才得以建立。

> 在茫茫宇宙中，只有两种方法能够获得并维持与某人的关系：由债务和礼物、明显的经济义务……或者道德义务和情感依恋，由慷慨赠送的礼物创造并维护。简言之，公然的暴力或符号暴力，包括审查在案的或委婉表现出来的，即未被认可或普遍认可的暴力。（Bourdieu，1990：126）

以上两种共存的形式使我们不能忽略这样一个事实：符号暴力作为社会不平等的缓和及官方化策略，承担了类似国王的角色。它基于一个简单的事实，即只有在基本的面对面的形式下，才能行使权力；只有通过与团体道德一致的行为才能获得个人权威符号资本，即由群体提供的社会信用，需要在确立为政治权利并表现为植根于拥有者品格的情况下，将投入的时间和物质资源最大化（关注的标志、有益的行为、礼物，以及信任证明）（ibid.，

---

① 古希腊罗马公众的慷慨给予及无私赞助，捐赠以及非正常性支出方面的残酷竞争，主要表现在政治阶级的"自由意志"和"责任感"中，他们将其用于政治上。这些都是保罗·维恩关于良好行为现象的研究主题（Veyne，1992）。

② 马林诺夫斯基在关于超布连群岛精神道德中写道："慷慨是善良的本质。"

③ 布尔迪厄关于波兰尼及萨林斯的主要批评在于，他们忽视了循环阶段的核心过程，在此过程中，经济资本复苏为符号资本。因此，权力效应的设定取决于依赖关系（Bourdieu，1990：123f）。关于波兰尼经济观念的批判，尤其是再分配与市场的差异，见保罗·维恩（Paul Veyne，1992：97—100）。

131f.）。在这方面，看似不具有"经济"利益的物质资源的积累主要起着获得符号权力的作用，本身发挥着"实现权力认可"的作用。礼物交换所围绕的这些美好的目标带来了持续的社会斗争，因为它们是必不可少的"展示权力的手段"（ibid.，131）。其拥有的财富证明了人们准备大展身手去获取的个人收入。集体价值堂而皇之地从世俗的范围分离出来，不仅被具体化，最重要的是，还表征为内化于财产所有人中的权力标志。个性化的逻辑，通过持续的慷慨馈赠和再分配，使得权力符号形式成为可能，并使只能通过礼物交换才能实现的温和的有偿措施合法化。

在这些社会群体中，产生了遍布文化史而流传至今的社交人物或政治人物，就是那些慷慨大方的、满脑子自由主义的人，他们忘我地沉溺于个人利益，对财富和劳动不屑一顾，只馈赠而不接受，因为他们知道如何只通过馈赠就能得到物品。从现在起："馈赠就是炫耀个人的优越感，就是炫耀自己更富有，炫耀更高的社会阶级，如教师（magister）。只接受不回礼，或少量回礼，则变成了客人和奴仆，变得小气而卑微（minister）。"（Mauss，1990：74）

不仅赤裸裸的暴力和符号暴力联合，礼节性战争和破坏性节日联合，铺张浪费和政治权力联合，甚至古代交换的总体权力无处不在，跟所谓的夸富宴社会中的"财产战争"相比，过之而无不及。这种古代交换类型，在莫斯看来更为激进和独特，主要管理着美国西北部沿海地区的特尔吉特（Tlingit）、海达（Haïda）、钦西安人（Tsinshian）和夸扣特尔人（Kwakiutl）的社会生活。

这些族群具有双重结构：春末夏初时，他们外出打猎，采集树根和多汁的山梅或捕捞河里的大马哈鱼；冬季来临之时，他们又再次投身于"小镇"生活。在这段团圆生活期间，他们始终保持着兴奋的状态……人们不断进行着拜访，来往于宗族、部落以及家庭之间。节日庆典也反复进行，连续不断，旷日持久。在婚礼或者各种宗教仪式以及推广活动上，万事万物都在夏冬之际，在这片富饶的沿海地区蓄势待发，绚烂绽放。这种现象在家庭生活中也频频发生。家里烹杀海豹或库存已久的山梅或树根开封时，就会邀请宗族成员到家里来作客。（Mauss，1990：34—35）

鉴于夸富宴影响着社会财富的转换（用今天的标准衡量仍然奏效），夸富宴本质上就是一个礼物交换系统，两者仅在规模、极端和对抗特征上有所不同。同样，赠礼和回礼形式中发生的财富流通，只是为着获取特殊物品。夸富宴将社会生活按照"社会总体"管理，其间很少出现个别事件——从婚嫁到葬礼，从启蒙升迁和仪式侵犯到首领部族间的等级秩序——这些事项并非全由夸富宴引发，也并非全由夸富宴公开批准和验证。

亲属关系和婚姻确保了水平整合，与这种简单的组织不同，夸富宴中也含有垂直整合。互惠包括集体再分配和对权力、威望的确认，社会阶级的升降并不见得可靠。一切事物仍需进行较量，或者就像莫斯评论的那样，其前提仍然是等级秩序的脆弱性，而加强这些等级秩序正是酋长竞争的目的所在。

> 酋长必须为自己、儿子、女婿或女儿，以及死去的亲人举办夸富宴。只有通过这种方法，他才能保持自己在部落和村落甚至家族中的威望，才能维持自己在所有酋长中的地位——部落内和部落间——只要能够证明自己受到神灵和财富的眷顾，表明自己既被人拥护，也掌控财富。而展现财富的唯一方法就是开销、分享，并盖上"印鉴"以羞辱他人。（Mauss，1990：39）

在节日或者其他某种场合下，"夸富宴—馈赠"包含在了仪式的和慷慨移交厚礼的形式中，一段时间过后，馈赠不仅必须加以回报，而且还必须在仪式和慷慨程度上略胜一筹（年利率100％以上的现象十分常见）。没有舒缓言辞的调解，夸富宴将内在于古代交换的挑战、回应和领先的博弈逻辑，进行夸张地演绎，其主要目的在于通过慷慨和挥霍来积累符号资本，以获得荣誉和声望、权力和优越感，并获得羞辱他人劣势和含蓄谩骂的机会。

> 酋长个人的威望和宗族威望与消耗的物品和谨慎的回礼紧密相连，这种现象无处不在，其目的是为了促成拥有个人义务的人，即承担类似义务的人。对物品的消费和破坏无以复加。在某些夸富宴中，成员必须耗尽一切财富，且不求回报。因为这是一场财富的较量，看谁是首富，谁次之，除此之外，它还是一场野蛮的挥霍和浪费。一切事物都建立在敌对和竞争的原则上，个体成员在手足关系和宗族、各阶级中的政治地位是从"财富战争"中获得的，正如他们通过现实的战争，或出于侥幸，或通过继承、联盟和婚姻获得政治地位……儿女的婚姻和手足情谊只有在夸富宴期间才能实现（根据互惠交换规则）。与孤注一掷或在赛

跑、摔跤的冲突中失利一样，他们在夸富宴中的失利有异曲同工之处。在若干案例中，它不仅是送礼和回礼的问题，还是破坏的问题，其作用是为了暗示自己送出的礼物得到回馈。整箱烛鱼油付之一炬，数栋住宅和成百上千条毯子被毁掉，昂贵至极的铜器被砸碎扔到水中，其目的在于贬损和"摧毁"自己的竞争对手。（Mauss，1990：37）

这场斗争以获得头衔和家族地位或得到公众认可为目的，而通常情况下，最有价值的财产为：一个闪亮的名声，或在舞会或在特别仪式中的优先性。一切事物都围绕着荣辱观发生，而它们在这些文化中"极具破坏性"。莫斯认为，其最初的涵义可通过"财富"和"权威"的现代观念得到最好的表述。只有拥有神力（"mana"，波利尼西亚语）、权威（"auctoritas"，罗马语），或在夸富宴社会中，拥有"walas"① 的人才是富人——因此，他们被称为"慷慨大方的人"。财富（位高责任重）、权力（命令礼物接受者的权力）以及夸富宴，这三者之间的紧密关系在这里体现得已经十分清晰了。同样，在印欧语系中，慷慨和荣誉间也存在着相同的矛盾意义，只不过原哥特语中的单词"Gabei"（财富）指的是"Giban"，意思是"馈赠"，而单词"Reichtum"（在现代德语中，意思是"财富"）指的是只接受馈赠。然而，只有馈赠才能获得荣誉。这一典故起源于古高地德语时代，它不仅意味着接受行为（敬意、荣誉），而且还意味着礼物的客观形式以及动机和情感状态［Ehrfurcht（敬畏），Scheu（敬畏）］。另一方面，随着情感的加深和动作的发出，它还意味着品质［Ansehen（名誉），Wurde（价值）、Glanz（荣誉）］（Grimm，1862：54f.；Korff，1966；Zunkel，1975；Berking，1989）。起初还有对上帝的敬畏，影响人们去调节神圣和世俗之间的关系，神圣的代表以及世俗的权威长期依赖于这种敬畏感。

很明显，夸富宴社会是以圣礼为核心。那些不能在竞争和财产争夺中坚守，或对挑战无法做出回应，或者作为债务人不将债权人位置摆正的人，会失去荣誉、核心地位和面子——就其字面意思而言。由于"面子实际上是舞会面具，是体现精神的权利，而他们都戴上了盾徽的标志——如今，这一人格面具受到了质疑。在礼物的博弈战中，人格面具在夸富宴上失利，正如在战争中失败和在仪式中犯错一样"（Mauss，1990：39）。

可以说，在世俗权力稳定的维度上，甚至伴随夸富宴出现的话语也塑造

---

① 澳大利亚土著部落中的太阳女神——译者注

了人格假面。在竞争和优势炫耀的驱动下，奢侈的慷慨行为总是归因于从祖先那儿继承来的声誉。通过贬低他人进行自吹自擂很难使事情平息下来。受邀对手的讽刺是夸富宴的一部分，正如轻蔑的演说和唱曲是主人的一部分一样，这些在外人眼中则成了"狂妄自大"（Benedict，1935：190）。

　　我叫亚卡勒尼斯（Yaqatlenis），也叫克劳迪（Cloudy），也叫斯威特（Sewid）；我是至高无上的、独一无二的圣人，是烟草的拥有人，也是伟大的邀请者。这些都是我迎娶部落首领的女儿所获得的作为彩礼的头衔，无论我走到哪儿，这些头衔都会跟着我。因此，我很想嘲笑那些地位低的首领所说的话，他们想要诋毁我的声誉，抹黑我的名声，可惜白费心机。我的祖先首领曾做过的事情有谁能及？故此，全天下的部落都知道我的声名。只有我的祖先曾在一场盛大的宴会中分送过财产，其他人也只能仿效我而已。他们试着模仿首领，即我的祖父，家族的祖先。

　　　嗬，走开。
　　　嗬，走开。
　　　转身，攻击同为首领的他们，让我的怒火来定夺。
　　　他们只会伪装；
　　　只会一次次地推销铜器，再转给部落那些小喽啰。
　　　嗬，莫求怜悯，
　　　嗬，莫要白费力气寻求怜悯，举起双手，紧闭双唇。
　　　我只会嘲笑他，讥笑他空空如也（本该堆满财富的宝箱）的房子，
　　　举办夸富宴的房子，
　　　让我们挨饿的房子。
　　　我才是胜出的伟大首领，
　　　我才是胜出的伟大首领。
　　　嗬，接着演下去吧！
　　　对着继续在世界上旋转的人表演吧。
　　　在真正英明的首领麾下，努力劳作，
　　　甩掉他们的踪迹（就像大马哈鱼），
　　　我窃窃发笑。
　　　哈！可怜他们吧！在他们的头上淋上油，

他们的头发枯黄

他们的头从没洗净，

我将讥笑受到首领庇佑的首领，

我才是那个使人蒙羞的伟大首领。

——（Benedict 1935：190－192）

"礼物系统的大量产物"（Mauss，1990：42）是"文化的通用模式"（Levi-Strauss 1969：53），即夸富宴，代表着仪礼的最大化。对荣誉的博弈产生了否定和有意误判的最简系统。必须满带尊重地馈赠和接收那些最昂贵的礼物。但与此同时，它们也作为让人鄙夷的废品和垃圾被送入了交易中。以炫耀的姿态履行物质损失使挑战者十分被动，但这也给了他将其作为符号盈利去体验的空间，并将其并入自身公开合法的优势表述空间。此时，竞争对手唯一能做的就是面对馈赠和羞辱，以及挑衅和羞辱，保持矜持的沉默，如此一来，他就能够在下一次找机会赢回来。人们别无选择，因为"对互惠失败的惩罚是成为债务的奴隶"（Mauss，1990：42），不仅会使他失去社会地位，还将剥夺他作为自由人的权利。

夸富宴模式，至少在初看之下，并非建立在通常被归为礼物交换的相互认可的道德理念下。事实上，竞争结构从经历仪礼后在符号上变得温和，但在历史上成功的符号斗争模式中，利益从不参与互惠，却总是建立优越关系并使其制度化。夸富宴视野浓缩了人类文明史的一切主题和动机：铺张浪费，慷慨大方，蔑视财富，作为文化优越感的手段、展现与独特的形式、风格联系在了一起，是多少有点僵化的身体修辞和"荣誉"实践。所以说，我们不能仓促得出定论，以为夸富宴只是由慷慨和礼仪驱动的贵族形式。①

是乔治·巴塔耶（Georges Bataille）将莫斯问题激发开来。鉴于莫斯根据浪费现象误将我们自身的福利社会追溯到了通过浪费来调和的古代"贵族"形式，巴塔耶在破坏和暴力、明显的无意义和纯粹浪费的基础上提出了一种不同的模式，从而仅仅将有用和无用、必要和多余的刻板形象进行了反转。

姑且这么认为，人们无须共享巴塔耶"通用经济学"的宇宙观，也无须

---

① 巴塔耶作品的阐释主要是考虑背后的动机，见贝里弗里特（Bergfleth，1985）。关于主权概念意义，见比斯科夫（Bischof，1984）；悖论批判了理性坚持不同路径的观点，见哈贝马斯（Habermas，1987）。

接受他假设世界变得越发大同的历史哲学，更无须认可他致力于消除界限、恢复失去的亲密关系的主权情感观念的人类学基础——然而，人们仍能发现他的"非生产性过度支出"的魅力所在。

这一理念十分简单，社会中可能会出现多余的社会资源，且这些社会资源未被完全分配；因此，大范围的非生产性支出会伴随着生产和再生产消费的直接必然过程出现。"奢侈、葬礼、战争、崇拜、雄伟建筑的建造、游戏、剧院、艺术品以及堕落的（例如从生殖能力分离出来的）性欲，所有这些活动本身，至少在初始阶段，都蕴含着某种目的"（Bataille，1967：26f.）。他们所强调的主要是损失。在这些情况下，术语"非生产性支出"只有针对他们这类人才能得到应用——对资源的纯粹浪费，毫无目的，并与事物的品质没有任何联系。就历史哲学而言，其核心特征为主体无谓消费的主权或深不可测的自由，这种自由最常在狂热的时刻出现。而实际上，它已经通过最初工作中的咒骂以及事先刻意的算计，从实用和物质领域排除开来。宗教是提供也是唯一提供获取主权的代替品，因此，巴塔耶从祭祀仪式中发现了主权最为纯粹的最简经验形式。但与此同时，它已变成了混杂的世俗形式，成为不受制约以及自我消耗的主体性共鸣。

令巴塔耶感兴趣的是，在某种意义上，夸富宴社会中第二项原罪与主权相对抗。夸富宴首先发挥了对非生产性支出的首要经验实证的作用，它是一种伴随生产的浪费过程，比占有略次一等。然而，与此同时，这种古代形式显示出十分矛盾的一面，因为它不断地使非生产性支出行为居于特殊分配逻辑之下。浪费和分配，非生产性支出和获取，同样具有建构意义：他们建立并支持符号暴力域，并巩固个体微分值中表现出的差异。根据巴塔耶的中心人类学论文（1988：71），以上都建立在"权力身份和力量损耗"的基础上。

一旦陷入了扑克牌般的夸富宴和反夸富宴模式中，人们就无路可退。赠礼和回礼仅仅是这场博弈中的筹码，其唯一的目的在于激发进一步行动，并形成羞愧驱使的协同行动保证。这一情景权力不能得到保证或转化成财产或其他什么东西，但它却总能在这场博弈的下一步行为中得到定准（更大程度）。在收到雪片般的回礼时，最初的挑战者保持着获利的形象，而与此同时，竞争对手则可以做出已成功并获得实惠的胜利表情。最为理想的状态是，夸富宴上不能进行互惠，只有那些拥有最后决定权的人才能获得权力，而这一权力从力量损耗中得到优越感。

我们需要出让、损耗或破坏。但礼物在不具获利含义时将会变得毫无意义（如果这样我们决定不再馈赠）。因此，馈赠必须变成对权力的获取。馈赠具有超越馈赠主体的优点，但在交换中获得回礼时，主体占据了超越的部分，个体将（自身拥有的）美德视为财产占有的资本和权力。他们通过藐视财富来让自己更加富有；通过证明他人的吝啬，来显示自己的慷慨。(Bataille, 1988：69；1967：115)

显然，尽管非生产性支出，即主权对财富的蔑视，并非完全无私，但却与利益及有关的权力目标密切相关。因为奢侈授予了挥霍无度的馈赠者名声，并最终决定了其社会等级。通过力量损耗，在词源意义上"狡猾或神秘"的名声变成了地位或名望意义上的名声。

巴塔耶强调了事实上的矛盾本质，这一矛盾本质完全针对否定的目的性，它还使得否定本身也充满了目的性。损失的不会白费，是它们引发了相反的等级观念，这一观念与完全基于物品蔑视的观念相反，也与可以自由征用物品、工具或土地的观念背道而驰。正是这种对否定的欲望和对无实际用途的符号权力的欲望之间的对立矛盾，产生了熠熠发光的奢侈错觉。

因此，名望和等级、声誉和荣耀作为利益来源显现，成功地融入了权力和主导权争取的策略中。但我们应牢记，在非生产性支出的过程中，以上所述均有自己的理论根基。不过莫斯对慷慨施予和战略策划区别的论述少之又少。因此，巴塔耶将研究的重点转至损耗外力，一种符号权力。

我们不能断言敌对原则优于作为礼物起源的主权慷慨，否则，我们就会反向讨论这些术语。这意味着算计是在馈赠者一边的吗？如果发生这种状况，博弈就会结束。即使在馈赠者假意赠予的情况下——实际上总是馈赠者的慷慨，而非算计让人印象深刻。诚然，在古老的形式中，馈赠者应该假装做给人看的是规则，但他的慷慨也会适当地显露。最后，那些高于规范的人才能赢得胜利，其主权性才能得到加强。（巴塔耶引用并译自 Bergfleth, 1985：19)

无节制和主权最初的价值相等，两者都指的是从世俗中严格移除的范围，此外，馈赠的权力并非来自世俗世界的权力。更确切地说，它建立在神圣的基础上，神圣的光耀通过对浪费和分配的矛盾应用得到了释放，它们在一定范围内被世俗化，并因此变成易于接近权力表象的象征主义。巴塔耶认为，在历史中发挥作用的主权力量是一种与世俗力量混合在一起的衍生主权，"灵气"由其发散，"谜团"也绕其而生（Plessner，1970：77），一切要求尊敬和顺从的事物都是由某些交流造成的，这些交流甚至能将最为世俗的权力与神圣的领域结合在一起。在古代社会中，巴塔耶主张，等级仍与"主体的圣洁存在"粘附在一起，其主权并不依赖于事物；然而在资本主义社会中，等级则只能由物品的拥有权而非主权或仪式决定。

对夸富宴社会的分析使得人们更容易观察到文明过程中的缝隙，正是在这些缝隙中，符号秩序得以产生并发生作用。社会等级早已在目的和事物的范围之外显示了出处，并在主导实践的强制性应用中显示了能力。

巴塔耶继承了涂尔干（Durkheim）的学术思想，他也赞同世俗与神圣之间存在一种严格意义上的对立，尽管他对两者的重视程度有所不同。神圣并不表现为对现实社会的表述，不能被直接解码为社会团体的集体形象和道德意识①，但却代表彻底的他者，代表从日常或特定生活形式中系统性移除的事物。在暴力、死亡和性欲的轨迹之上，神圣的周围环绕着禁忌，所带来的欢乐和恐惧让人觉醒。因此，当奢侈具有目的性，或当原始主权基于历史上成功的理性估算时，神圣就会与世俗有所关联。巴塔耶利用这种二元论提醒历史进程的发展动态，作为进步的界定和"神圣力量的域外化"（extraterritoriazation）（Habermas，1987：225）——这一定义甚至将影响到仍旧保持着部分通往神圣的非生产性支出。

神圣力量的域外化通过贵族的军权和统治者的绝对权力，将僧侣的权力引向巴塔耶（1967：90）所称的资本主义社会普遍存在的吝啬以及随之而来的压抑，因此，我们将从此意义上对这一伦理合理化生活的痕迹进行更为详细的考察。然而，在我们回到这些问题之前，我们需要先回到文明史中。因为，馈赠和夸富宴涉及一些基本概念。两者都带有一种古老体制的印记，在这一古老的机制中——交换暴力以人祭的形式出现——是圣礼活动的中心。宗教是古代社会符号秩序的本质，而宗教祭祀则是最初的权力。那么，馈赠在祭祀中是否有据可查呢？礼物又能否被准确地描述为祭祀的世俗化或理性化呢？在祭品观念以及更为具体的对供品和礼物的使用中，存留着一些概

---

① 巴塔耶利用天主教中第三重罪和最终的罪反对主权。只有在那时，宗教体验，这些突发的恐怖和狂喜才能成为一个纯粹的世俗道德意识。"信仰者一定程度上仅树立道德意识——从狂喜的自我超越经验和人性中解放出来。"（Habermas，1987：233）

念，这些概念曾经在宗教研究中作为反向基础关系而被理论化了，同时，它们在祭品的礼物范式中有着十分重大的历史意义。①

① 礼物馈赠理论似乎是 19 世纪的科学认知，就我个人而言，爱德华·B. 泰勒（Edward B. Tylor）的著作不遗余力地普及了这一认知。

5. 祭 祀

同所有的人类制度一样，宗教总有其出处。

——涂尔干

文明史即为祭品倒转的历史。

——霍克海默和阿多诺

到目前为止，我们关注的焦点一直是人们的社会关系。然而，死者和大自然在礼物交换中也扮演了重要的角色。在于纳里（Unalit）社群①中，逝者的葬礼从召唤祖先的灵魂开始，其目的是使其灵魂转世，化身到那些活着的人身上。死者的灵魂被赠予了大量礼物，并且在其最终回到墓穴时"硕果累累"。"然而，在此时，不仅该社群恢复统一，由早期的后代成员组成的理想群体也形成了相同的祭祀方式。"（Mauss，1966a：447）向生者馈赠的首要寓意是为向死者馈赠——为了表明死者的灵魂和神灵是世界上一切事物的真正拥有者。与他们交换礼物既是必要的，又是危险的；既有获利的可能，又有被拒的风险。从这些主题中，莫斯发展出了一种"合约祭祀"的理论，根据这一理论，从祖先和神灵处购买礼物十分必要，因为其本质就是以大换小（Mauss，1990：16f.）。

夸富宴证实了两者，它混合了馈赠原则和献祭原则。在作为祭祀行为的情况下，暴力行为的绝对破坏面就是祭祀原则。破坏的最终目的十分"清晰，它是一种有必要进行回报的馈赠行为"（ibid.）。祭祀上，成群的动物被屠杀，船只和房屋被焚烧，圣物被摧毁，但是人们并未真正失去什么：一切都注定属于先祖和神灵，他们拥有财富并不断创造财富，他们赋予生命又取走生命，目的是让自己永垂不朽。

---

① 一个爱斯基摩部落——译者注

　　同样，大自然也参与分享这杯羹，以确保整个自然界的持续和再生。赔偿和恢复是文化行为的中心，用于调节社会与自然的关系。因纽特人的"膀胱节"正是如此。"在庆典结束时，人们一口气将本族全年捕捉到的所有海洋生物的膀胱扔进海里，它们所承载的动物灵魂会重新化身为母海豹与母海象。"（Mauss 1966a：446）人们对自然有所亏欠，这种想法和回礼的赠礼观同样古老，因为狩猎、捕获和收获都是暴力杀戮的基本形式。这些发生在生命体上的攻击要求对构成生命的元素进行保护，通过适当的祭祀，使偷盗者和杀戮者的心灵创伤得到治愈，而人们对不育的恐惧也得到抚慰。这就是为什么印第安采集者要向神灵进献收获的第一批水果，渔夫要进献第一捞鱼虾，游牧民族向神灵祭献最好的牛羊，腓尼基人向太阳神祭献最为高贵的家族长子，而在玉米收获季节，阿兹台克人（Aztecs）则会向一个女奴代表的玉米女神献祭。这些原始献祭在时空上的延伸表明，人们对生殖和先祖的崇拜是文化史中最为古老的体系记载。

　　礼物和祭品互为一体。在缤纷多彩的文化中，礼物不仅一次又一次地被理解为祭品，反之亦然。毫无疑问，礼物和祭品还意味着馈赠人类学中一以贯之的强度，在这统一的强度中产生了古代社会的道德准则。

　　我们不知道罪是如何进入这个世界的，但却可以调查可能的歉疚意义所在，并且如何能将这一歉疚逐渐消失，罪将如何摆脱欠债，如何因礼物交换而摆脱这种关系。

　　起初，在"道德谱系学"问题上，弗里德里希·尼采（Friedrich Nietzsche）给出了一个令人称奇的最简答案。他认为，罪源自歉疚。债权人和债务人构成基本配置，但其核心在于这样一个理念：伤害和痛苦存在着等价物，负债可通过受苦得到偿还。可以说，债权人拥有残忍的权利，通过使他人陷入"名副其实的节日"，债权人可以行使这一权利。尼采将他对道德的批判建立在交换关系的基础上，准确地说，建立在了债权法的基础上，在这一基础上，惩罚（与痛苦完全对等）对受害方起着补偿的作用。[①] 然而，惩罚——首先，作为主人的权利——是设立起来抵制自由天性的外在壁垒，但却最终仅使其转向对内抵制。那些过于"羸弱"的人，害人不成反害己。敌意、残忍、在迫害中得到的快感、袭击、兴奋以及破坏，所有这一切

---

　　① 弗洛伊德、巴塔耶、霍克海默、阿多诺，以及萨特、福柯和拉康等作家，都强调了《论道德的系谱》的观点。通过对文明方式的批判，献祭和获罪的关系已经被尼采的观念深深影响。

都背离了赋予者。在缺少外敌、阻碍并局限于压迫性的辖制和规则之下，人类当中开始产生分裂、迫害和恐吓，就像困兽用尽全力撞向囚禁它的牢笼一样……这位愚昧、苦难和绝望的囚犯，成了"怀揣恶意"的发明者（Nietzsche，1956：218），那些充满怨恨和内疚的历史是人类的顽疾。但这也是债权人—债务人的问题——以这种想法为开端，生者只有通过向祖先提供服务和供奉礼物来偿还债务。尼采强调了这一关系的法律特征并摒弃了一切情感投入。话虽如此，债务会通过被人们认可而不断增长，随着来源于祖先的权利和荣誉的增长，债务会越滚越大，但世上没有免费午餐。那么，我们应该如何向祖先偿还债务呢？"通过焚烧祭品（向祖先供奉食物）、祭祀仪式、神龛、风俗，但最重要的，是通过顺从……但这样就能完全还清债务吗？这一疑虑让人十分忧心……"（ibid.，222）而负债于神灵的意识几千年来与日俱增。世界向统一帝国的迈进带来了全能的神灵——独裁。通过允许独立贵族进行征服，为一神论扫清了道路；而基督教的"神来之笔"（上帝为人类赎罪而牺牲自己）最终决定了罪恶感这一不可逃避的支配地位。

罪由债务而生，而债务又通过暴力、杀戮、折磨以及奴役来解决。但报应——忏悔、赎罪和弥补——仍然是一项神圣的职责。

莫斯的著作《捐赠》，讲述了战争与和平的主题，通过礼物交换换取原始暴力的终结，取而代之的是符号暴力的产生。礼物象征着结盟，它建立了一种对称性。但暴力仍然潜伏在回报义务的背后——这一潜在因素作为仪式之战在夸富宴中得到了展现，它服务于社会优越感的可视化胜利，或在灵性退步中，服务于竞争对手的谋杀。这两种形式的符号权力召回了在宗教祭祀中仍然明显的阴森背景，而这一背景在制度上被视为光荣、神圣的暴力。祭祀（而非礼物）和仪式化的杀戮（而非古代交换的互惠原则）通过愧疚和义务开启了文明之旅，正是这些愧疚和义务开出了馈赠和义务的道德清单。礼物交换的基本模式——馈赠、接受、互惠——不能成为关键所在，因为馈赠者一定已经接受了馈赠。上述促使酋长角色制度化的再分配策略，其指向是错误的。

在馈赠、接受和回馈之前，还存在着屠杀、捕获和分发——简言之，杀戮仪式的语境要求的所有东西，都被视为祭祀、祭祀行为（神灵＋来源）或"圣物生产"（Bataille，1967：28）。

祭祀①是一种基本的宗教仪式，人们向神灵贡献祭品，而这通常意味着某物被毁坏或被杀戮。"带你的儿子……去摩利亚，在我所要指示你的一座山上，把他献为幡祭。"（*Bible*：*Gen*，22.2）亚伯拉罕（Abraham）按照神灵的旨意，找到了其所指的位置，他在那儿搭建了祭坛，堆起了木柴，并将他的长子以撒（Isaac）绑在上面准备作为祭祀杀掉。在最后关头，神灵阻止了这场毫无意义的祭祀——并在最后，用一头绵羊取而代之——用了幡祭。亚伯拉罕和以撒的故事预示基督教神学的最终祭品，即耶稣受难②，这在圣餐仪式中被反复提及（"这是我的血"，"我的身体"，为着"赦罪"）。不仅"神的羔羊"（*Bible*：*John*，1.29）的故事强调了动物祭祀的古代形象；在十字架上进行无血祭祀的弥撒的表征，将罗马祭祀术语的中心观念——祭品、施暴者、受害者、祭司、祭祀——引入天主教的教义之中（Cancik Lindemaider）。

杀戮无处不在。古代天堂里充满了神灵，到处都弥漫着焚烧祭品产生的烟雾和油腻蒸汽。在各种节日中，当人们齐聚一堂祭祀神灵时，其主要目的一定会包括宣誓、恳求、感恩、涤罪和赎罪。罗马帝国的祭祀模式阐明了这种神圣行为的仪式过程（Oldenstein，1984：178f.）。经大祭司检查无任何外伤后，用于祭祀的猪牛将被装饰一番，非常隆重地赶至祭祀场所。将其用绳索捆绑好后（祭品逃跑意味着凶兆，于是整个祭祀过程得重来一次），祭品被送至祭台。此时，人们被要求保持安静，吹笛手绕着神圣的坛场献上祭曲，以保护祭祀不受干扰。当祭司宣布祭祀准则时，献祭的动物便得到了洁净。在此之后，人们开始祭祀的第一步，向祭台进献美酒并焚香，而用于祭祀的动物头上也洒上了祭祀的食物和美酒。为了避免一切可能影响祭祀的因素，祭司向祭祀的首领诵读祷文，首领则跟随祭司复诵祷文。之后，参与祭祀的助手向祭祀动物的头部致命一击并将其剖开，检查内脏是否完好。如若内脏缺损，人们就得重新开始祭祀。如若内脏完好，人们就会烹煮其肉，并

---

① 当代"献祭"辩论的信息概述可见由让琨（Jankuhn，1970）、勒韦丹和格兰奇（Reverdin and Grange，1981）和豪克（Hauck，1984）出版的研讨会报告，也可以见德蒂安（Detienne）和维尔南（Detienne and Vernant，1979）。这场争论通过沃尔特·柏克尔特（Walter Burkert，1972）和勒内·吉拉德（Rene Girard，1977 [1972]），比较的视野基本定性。每当在探索暴力路径或社区功能建设时，都回到了建立人类历史机制的位置。也就是说，宗教和所有基本社会制度一样，都是基于献祭。同样参见哈默顿·凯利（Hamerton-Kelly，1987）的研究成果。

② 亚伯拉罕和以撒、亚伯、麦基洗德等一起，成为基督献祭的主要先驱者（Suntrup 1984）。关于《旧约全书》献祭的重要性和《新约全书》的影响，见霍海塞尔（Hoheisel，1984）。

将其特定部分在祭台上进行焚烧。人们将剩下的祭品分食，这意味着宗教仪式的结束。

因此，杀戮、进餐、献祭和宴席成了古代节日的高潮所在。人们杀死动物以祭祀神灵，但会众却将祭品最好的部分留给了自己。奥林匹亚食物祭祀可以用墨科涅（Mekone）分食来概括。在神餐会上，普罗米修斯为众神分烤肉：他将骨头、兽皮和胆囊分给了宙斯，而其他所有可食用的部分则留给了人类。神话将此称为祭祀术，并将其作为奥林匹亚祭祀的基本模式："从此刻开始，凡世间所有的人类部落，将焚烧洁白的牛骨置于烟雾缭绕的祭台之上。"（Hesiod，*Theogony*：556f.）

很早以前人们就指出，祭祀本应为就餐，并应成为餐桌交流的一部分，众神与人类共聚一堂，借着一顿家常便饭，共同更新原有的统一性。[①] 但是，祭品最初溢出的血十分惹人注目，而想要回避可能与基督教中心主义有牵连的想法并不容易。众所周知，弗洛伊德早已将文化的原始场景视为暴力行为，将司空见惯的屠杀和图腾的毁灭视作杀害至亲的仪式重复，他还将一神论的出现视作被镇压者的复仇。

如果引申弗洛伊德的学说框架，将"暴力与神圣"作为我们的思考起点（Girard，1977），那么祭祀杀戮就不再是宗教理念的主要表述，而是一种宗教信仰系统，而宗教本身又是建立在祭祀的基础之上的。此时，这些或新或旧的故事和解释又该表明什么呢？如果馈赠起源于祭祀杀戮的暴力，那么对于馈赠的语境又意味着什么呢？

沃尔特·布尔克特（Walter Burkert，1972：9f.）讲述了有关古希腊的故事：

> 这是一项虔诚的仪式：杀戮、放血和用餐……人们不仅能在神圣的生活方式中，或是祷告、颂歌和舞蹈中强烈地感受到神灵，还能在挥动斧头发出致命一击、鲜血汩汩流出和焚烧骨块时感受到神灵。而对"神灵"的基本体验，就在祭祀的杀戮之中。宗教人（Homo religiosus）有意识地充当了献祭者。这种"行为"（operari），来自德语外来词

---

① 威廉·罗伯逊·史密斯（William Robertson Smith）的《闪米特人的宗教》（*Religion of Semites*），提出了献祭作为神圣交流的理论。爱弥尔·涂尔干把它作为一种在神圣和世俗敬拜间的"积极"调解，并及时结合礼物主题阐释，"献祭是某种交流过程的一部分，但同样它也是或基本是馈赠，是一种放弃的行为。它预见了敬拜者放弃物质或商品的神圣部分。任何试图减少其中一个要素转向其他要素是毫无意义的。事实上，给予可能比共享更具持续效应。"（Durkheim 1995：347）

"Opfer"（意为"牺牲"或"献祭"）。①

献祭者—猎人——这既是一项对史前时代无法考证的事物进行调查的题目，又是论点，在这项调查中，沃尔特·布尔克特试图对基于狩猎的宗教祭祀进行阐释。此前，卡尔·穆利（Karl Meuli, 1975 [1946]）② 早已通过揭示奥林匹亚祭祀中奇怪的分配规则里存在古老而又难以理解的狩猎仪式（在西伯利亚民族中十分常见），为沃尔特的研究创造了条件（Burkert, 1983b: 22）。在圣地发生的事件不是焚烧骨头，而是"焚化"被屠杀的野兽的股骨和头盖骨——这一狩猎习俗可以追溯到旧石器时代，并在奴隶时代和都市文化中得以幸存。因此，普罗米修斯分割祭品的核心意义可以得到充分的理解，它不是一种技巧，而是对猎物的祈祷，对生活基础的恢复以及对可以重生的部分灵魂的归还——向着这场博弈的假定主人。在与偿还观念密切相关的情况下，狩猎仪式清楚地显露出了杀戮的一面，这一观念——在"原始社会"相当普遍——即狩猎和杀戮与愧疚感相关。因此它需要一种对罪的消除或赦免，或在所谓的"清白的喜剧"中，通过这种表现方式，祭祀最终让人们哀恸，而行为的责任也转移给了他人。简而言之，暴力的初始行为屈从于集体的拒绝。举个例子，通古斯（Tungus）猎人会快速地从成功狩猎的场地逃走，并在随后"偶然"经过那里，哀恸哭号，表达对坏人杀死宝贵的动物的惊讶之情。芬兰人曾诚恳地将双手伸向死亡的熊，四体伏地，痛哭流涕，指出自己应该为这一不幸受到责备（Meuli, 1975: 953f.）。

狩猎的仪式化——清洗的预备，免罪的喜剧，赦免和赔偿——即为杀戮的仪式化，卡尔·穆利运用"尊重生命"原则对此进行了解释。猎人以杀戮为生，而他却能在狩猎仪式中充分扮演这一矛盾的角色。祭祀仪式则重演了这种屠杀祭祀动物的模式，其目的是为了进餐。祭祀是一种"仪式杀戮"（ibid. , 948），随之而来的则是一顿家常饭。

沃尔特·布尔克特从两个方面发展了穆利的研究结果。首先，他将有关

① 在公元 6 世纪以前的日耳曼部族，德国人经常给人"布施"，因此伴随献祭基督习俗的冲突引起了巨大的语言分际。然而，在南部和中心地区把"operari"作为外来词表达"献祭"的含义，法兰克语、莱茵河地区英语、荷兰语很快使用拉丁词"offere"表达给予的含义（Kluge and Götze, 1951: 538）。当然，基督教义没有停止用新的方式献祭品（狗和马）的行为。奥尔登堡（Oldenburg）的一则报告（据不严格统计）表明，17 世纪为了保护同性恋者，很多孩子一直在被杀戮（Davies, 1981: 45）。

② "[ ]"内的年限为论著的初始出版时间，全书同。——编者注

史前研究和人类学研究中关于狩猎角色的讨论连在了一起，命名为"狩猎假说"。其次，他将康拉德·洛伦兹（Konrad Lorenz）的攻击论①作为解释进行物种攻击的人类狩猎和杀戮功能的框架，这种功能的社群建设力量在暴力神化中被证实为进化机制，社会由此产生。从这一方面而言，狩猎仪式化理论于布尔克特而言也是一种宗教起源论。仪式在这里发挥了作用——或更准确地说，是人种学中的"哥白尼式革命"（Burkert，1972：37；1983：29f.），规范化行为先于交流的语言形式，起着符号的作用。作为行为科学和宗教间的桥梁，仪式人种学理论旨在阐明从自然到文化的过渡。

根据"狩猎假说"，当男性带着合适的工具集体外出狩猎时，这些男性才能成为男人——这一观点在进行假定的同时，推动并巩固了人类身体素质和行为模式的发展，如直立行走、使用武器、与相关符号系统的联合和合作形式、掌握钻木取火、劳动的性别分工，以及性别角色的差异。"这一特征并非固定不变，但任何想要进行反抗的人都得首先征服祖宗万代留下的传统。"(Burkert，1983：26)

无论人类进化过程中的先祖实际情况如何，他们都不得不放弃试探式的生活方式，以免将自己置身于更容易看见和被看见的风险之中。汉斯·布鲁明贝格（Hans Blumenberg）将这种人类起源的关键时刻描述为"现实世界的专制主义"(1985：4)，长期面临不定而又专制的他者因素，确立了以恐惧为基本特征的场景。此时，各种战胜恐惧的方法——不仅是防范恐惧，例如，在关系疏远的情况下假设关系亲密，或对费解的事物进行解释，或为难以形容的事物命名——成为人们面临的主要问题。

"猎人和母亲"模式总结了人们对原始森林中隐藏着的古老状态消失的克服（Blumernberg，1985：4）。随着洞穴和荒野、外在空间和内在空间的划分，"形象专制主义"与现实专制主义对立了起来。隐藏的避难所承认的正好是开放空间所否认的：许愿规则、幻想的魔力、思维效应的酝酿，以及

---

① 见洛伦兹（Lorenz，1967），在讨论所谓的"邪恶"时，一种先天侵略驱动力理论被大幅度修正，最后整个理论被放弃。见阿什利·蒙塔古（Ashley Montagu，1972）、普拉克（Plack，1973）、艾布尔·埃尔伯斯菲尔德（Eibl Eibesfeld，1984）、格拉迪戈（Gladigow，1986）。布尔克特在他后来的描述中，认为这些异议没有从本质上改变他们，在发表第一部鸿篇巨著将近20年后，他宣读了一则自我批判笔录："在《献祭者》中谈到了很多侵略，并太过傲慢，但是有一点是正确的，死亡和杀戮不仅仅是其他符号中的符号。绝对严肃的经验特性和不可逆转的意识意味着它们拥有特殊的地位，并引起了特别的效应。"(Burket 1990：191)

对陌生外力的想象性移除。"画人（Homo pictor）① 不仅是关于神奇狩猎实践的洞穴壁画的创作者，而且还是通过投射映像表达个人世界缺乏可靠性的生灵。"（ibid.，8）在野外，食物必须得到保证，这种需求总是需要人们在脑海中勾勒出狩猎场景之前就勾勒出实际的捕猎行为。画人以猎人的形象出入洞穴。因此，猎杀动物以获得食物是第一步实际行动，也是一种原始场景，而这一场景开辟了人类的过去完成时。确切地说，人类不同于捕猎野兽，没有成功狩猎的生物"蓝图"，因此，它必须做出调整，（根据布尔克特的解释）而这一调整起源于猎杀追捕戏剧性高潮的暴力行为。

捕猎是一方将另一方的精力耗尽，从而得到食物。它是群体内部攻击的投射面，只有这样，这一群体才能成为一个合作团队。与此同时，它是所有复杂的动机和心理模式十分突出的参照物，它使杀戮本身成为一种必然和问题，因而成为杀戮的中心事件。投射于猎物上的攻击投射，开启了拟人化进程。也许，通过肌体相似的观念，大量的对比属性——动物/人类、猎人/猎物、朋友/敌人、生/死，在不断变换的角色中——确保了这场博弈中男/女主人观念的基本统一和最终的交会。但拟人化并非是问题产生的源头，是杀戮体验调动了整个过程的进行。为了阐明这一过程是如何发生的，行为和动机的新形式为何在预期中如此丰富，布尔克特将洛伦兹的攻击理论转换为原始猎人团体，并将这一瞬间的动机特征描述为胜利、恐惧、兴奋和内疚的混合物，并由此从中产生了一种特殊的联盟。由于攻击源于获取食物的原始目的，又由于人们只能连同暴力或通过暴力获取生活必需品，整个构象表明了一种杀戮意义的新生意识，而这种意识可以在冲击模态中得到体验。这是一种由集体暴力的必然行为所产生的新的动机水平，而它使得行为本身成了冲突动机的中心。

杀戮的冲击和流血的恐惧引起狩猎的仪式化，这一仪式不否定恐惧或兴奋，但会使其更具有正能量。仪式化狩猎以在"家"进行的准备为开端，而追捕本身则是动作序列的戏剧化。通过这一戏剧化，群体的秩序得到了保持，获得猎物的方法得到了掌握，而恐惧和害怕则不断被放大，直到死亡，而这种情绪是在胜利和欢乐而非内疚和懊悔中释放出来的。攻击在集体狩猎和杀戮中得到了充分的体现，但在抚慰和归还仪式中，它几乎转化为了一种新的行为标准。被屠杀动物的肉体注定成为"他者"，成为"家中"妇女和

---

① 天生为绘画者的人类——译者注

儿童的囊中之物，而这种动机结构的倒置——通过屠杀、赠送（或回赠）自己曾经获取的物品——作为独特而又重要的人类性情，出现于狩猎和屠杀的仪式化中。布尔克特用其惯用的行为主义术语，将其分析为对意图进行"弥补"的杀戮冲击做出的反应。

不管旧石器时代猎人的心理活动如何，"狩猎假说"提供了一个用于解释合作和交换的基本形式的最简模型。然而，仪式杀戮本身就是典型的对决案例，当它仪式化为交换关系时，就会成为一种强有力的惯例。猎人捕杀猎物，将其"灵魂"归还给这场博弈的主人，并将其肉体与母亲和孩子分食。所有的基本社交活动——随后通过"馈赠""接受""带来"和"杀害"等基本动词进行表达——在这之中已经发挥作用。在馈赠的人类学中，意味着狩猎、猎杀和分发的顺序表现为礼物交换模式的基础，"在'接受'和'馈赠'之间存在着杀戮。"（Burkert，1983：27）然而杀戮过后，神灵入场之前，会有公共就餐。

有一个例外，是从母子关系中引申而来的，即食物采集和分配中的性别差异并不体现在灵长类或牲畜的捕猎上。只有雄性黑猩猩会不时捕猎体型较小的动物，这些猩猩会将这些肉分享给大家，用作情感表达需要，以乞求得到成员的地位。这是人们唯一知道的黑猩猩分享食物的场景："涉及香蕉时，个个都会为自己着想。"（ibid.，28）然而，在人类社会当中，吃肉和分配的规则这一近似普遍的组合（其发展史起源于狩猎）[①]，仍然在发达的都市文化中幸存了下来。

在某些原始狩猎群体中，狩猎是一种高度仪式化的复杂活动。它不仅聚焦了所有人的目光，还构成全体成员的社交和情感生活。根据布尔克特的观点，这种"发明"并不能被证实为进化的末端，它反而很快形成了一种猎杀和分配的仪式传统，在这一传统中，所有群体都得到了发展。反对从狩猎行为建立祭祀仪式的主要因素在于，祭祀的动物总是被驯化了的家畜，而这里谈到的狩猎仪式只出现在新石器时代。尽管如此，反对者指出猎人和牧人进行的仪式屠杀令人惊异地一致，卡尔·穆利从这一反对因素中获益很多。"正如希腊人的公共就餐也会有祭奠死者和图腾仪式一样，这里，（牧人）的

①　为避免任何误解，应该强调，在旧石器时代，捕猎绝对不是第一食物来源。群体彼此依赖于植物采集，并且主要由妇女进行劳作，这种稳定的基础使男性可以专注于狩猎。同时这存在一种假设，即他们没有生产超过20％－30％的所需食物，但是这种稀少高价肉类的获取和分配，说明了他们100％的特权。

祭祀也伴随着一场庄严而又古老的杀戮仪式，这一仪式始于狩猎时代，在为获取食物而屠杀动物时制定。"（Meuli，1975：987）这一仪式似乎在新石器时代的结构变革后延续不变，但叙事框架却有所不同。因为"祭祀仪式的真正目的在于宽恕，像其他所有仪式一样，'神圣'的部分演变成了礼物。"（ibid.）草原文化和农耕文化中的祭祀仪式不再假定狩猎的暴力捕捉，而将其认作一种财富或资产的转让，至此，送出的物品才真正演变为礼物。也许，这才是准确的历史起点，因为将祭品解释为至今沿用的礼物——与叙事模式而非事物本身保持一致。①

新石器变革的成就不仅限于驯养动植物中产生的技术和结构创新，还包括对世界观和可行的解释模式进行了基本的结构重建。"随着人们逐渐掌控外在自然环境，原始人类的思想也达到顶峰。在世界的符号构建中，从文化角度以一种新的方式对大自然进行了释译——'神话世界图像'的出现并未将世界因果关系改变成客观动力，而将它改变成了人类的互动作用。"（Eder，1976：52）从现在开始，人类——本身就是一种超自然而又积极的存在，他们饥饿、好斗且不可预料——才是征服宇宙和联合人类的力量所在。因此可以说，在维持社交的模式中，这种介于神灵和人类之间的关系应该被理解为礼物和回礼的神秘世界观。当然，仪式的持久性仍然令人疑惑。神话总是与"任意消除"有关（Blumenberg，1985）。但尽管叙述愈渐巧妙和高超，仪式仍然保持了不屈的一面。那么，我们是否应该认为，神话叙述的高雅依赖于仪式形态的稳定性，而思想的任意消除性则私下与任意动作执行等同呢？

按照人种学"先典礼后神话"的模式，布尔克特根据仪式的实用基础逐渐消失并让步于"幸存"的符号内涵的事实，对从狩猎到祭祀的仪式转变进行了阐释，这并不意味着经验和反应的固有形式产生了特殊仪式——举个例子，内疚和崇敬的优越感导致了赔偿和荣誉的产生——但与之相反的是，仪式传统规定了特定的反应，而这一反应证实了它的价值。这些反应从社会现实获得，确切而言，是被迫获得，这一现实即为，不学习这种"语言"就会失败，从而成为"仪式白痴"。在人类起源中，仪式不是从遗传角度而是从

---

① 布尔克哈德（Burkhard，1984）试图再次把各种各样的献祭归于礼物一类。一方面，这与献祭者本身怎样感知食物联系起来，另一方面，仅仅把献祭者视为一种不对称的社会关系。因此，这种解释所给予的认识是相当含糊的。

文化角度进行传递的，它们不是先前存在的信仰的表现，也并非人们最初想法的实践和行为结构组织，而是由传统推断得出的让人们首先联想到思维和信仰体系的交际活动（Burkert，1987：16f.）。这样一来，不管人们相信与否，人类都被认为学会了设计宗教仪式或按照规定的方式行动。

布尔克特假设作为宗教的一部分，语言表达在此过程产生了干扰，但宗教行为的核心结构仍然保留了源于狩猎行为的献祭仪式。人们带回猎物，屠杀，分肉，并大吃特吃。古代祭祀一次又一次将原始场景中的一切仪式元素表现出来。我们发现了预备洁净祭物的形式，而这些祭物自愿点头表示同意的行为应该来源于向其头上洒酒。此外，我们还发现了仪式杀戮者（即免罪和无罪的喜剧）以及赔偿和分配的礼节仪式。而雅典的杀牛节（Buphonia）对这一过程进行了十分生动的展示。献祭公牛后，公牛的毛皮会被塞满东西，并在人前拉伸开来。接下来进行的是一场审讯，而其目的在于洁净（buphonia），即"杀死公牛的凶手"，将其逮捕。在每位参与者将过失嫁祸给最近的邻舍后，屠刀成了剩下的唯一被判有谋杀罪的物品。但正如我们所看到的，赎罪和无罪的喜剧是一种原始狩猎习俗。他们既不能说明猎物的圣洁，也不能说明宗教节日这天，公牛谋杀仪式与神灵有必然联系。仅仅发生了食物献祭，在这场献祭中谋杀的严重性，即"对生命的尊重"，出奇地以审讯形式表现出来（Meuli，1975：1004f.）。

通过共同参与仪式献祭，族群内的攻击因此演变成为暴力神化，对布尔克特来说，它是将暴力、群体团结与献祭结合在一起的决定性步骤。因此，献祭成为祭仪的焦点，宗教成为社群稳定的基本制度。在遥远的史前时代，触发机制可能只是一种偶然，但在古代，它却获得了历史事实的地位。"当斧头落下时，妇女有节奏地呼天抢地（ololygé），标志着感情高潮。在节日盛宴上，对于屠杀的震惊和随后恢复的秩序类似于惊怖之谜（mysteriumtremendum）、着迷（fascinans）和灵丹妙药（augustum），鲁道夫·奥托（Rudolf Otto）曾将其称为'神圣'。"（Burkert，1983b：33）从人种学上讲，这一让人脊背发凉的颤抖仅仅是神经系统的遗物，而这一遗物能让灵长类动物的毛发变成壮观的展览——以放大的外形结构，形成一种威胁的姿态。恐惧和攻击，分担内疚和分享食物，喜悦和欢乐，这些都是仪式的重要部分，符号秩序由其而来并定期得到更新。但仪式祭杀和用餐是"神圣的"，因为它们通过调节分配和消费的核心功能循环，稳定了社会化形式本身的结构机制。只有通过暴力神化，"祭杀群体"才能"根据职务和等级进行划分，从整体上成为社会模式"（Burkert，1983：37a）。

谈到祭杀而不触及人祭也是成问题的。当然，对狩猎献祭综合体的"理性主义"描述并不意味着人们就能对献祭提出一种一般性理论。举例而言，在赶鬼祭祀或辟邪仪式的情况中，上述祭杀并不起作用。此外，这种神话叙述让我们看到了隐藏在动物祭祀背后的一宗谋杀，人、英雄、神灵正在死去——否则，世上就没有食物，没有文化，也没有节日。动物祭祀，作为原始人祭的代替品，在古代早已为人所熟知。自然而然的是，现实社会进化——无论被祭的神灵是起源于人类还是动物屠杀者，都只是一种替身。无论人祭和食人主义是否比屠杀和分食动物的传统更加古老——都受到了人们的广泛争议。[①] 但可以确信的一点是，两种形式都出现在人类发展的不同阶段，并且，随着后来新石器变革时神话世界观的出现，原始杀戮的主题以及原始暴力的演化变得普遍而有说服力。

在早期种植文化出现的神话中，祭祀场地切开水果祭品的地方埋葬着英雄。因此，根据弗罗贝尼乌斯学派（Frobenius school）的观点，种植者的食人主义重演了一出仪式崇拜的戏剧，在这场戏剧中人祭代替了植物祭杀（Jensen，1966）。同样，在肉类、食物和分配中也存在着惊人的密切联系。在食人主义祭祀仪式中，食物由男性分配，肉类神话般地转化为了有用植物；而在早期的祭杀行为中，被祭杀者的躯体被肢解和"埋葬"。阿道夫·艾尔高德·延森（Adolf Ellgard Jensen）讲述的关于西塞兰岛（1939）上的海娜威利（Hainuwele）的神话，也是由这类主题构成。

海娜威利生活在人类文明早期，她在第一颗椰子树上诞生，这与她的生死一样超凡脱俗。因为她带来了财富、珠宝和其他价值连城的东西，并将它们作为礼物送给人类，不过后来这些人决定杀死她。她的父亲找到了她的遗体，将其肢解并埋在了人们集会跳舞的各个角落。这就是植物如何对于世界有用的首次体现。在结构上，类似的叙述也发生在古代高等文化的植物神话中。同样的，在祭杀的文化继承者肢解的躯干中生长出来的主要是谷物和葡萄酒。毫无疑问，原始崇拜中涉及了人祭，但在历史上，人们通过祭杀家畜

---

① 戴维（Davis，1981）提供了全面的关于人类献祭的文化历史描述，然而一些作者断然否定了食人族的存在，最多将其认为是民族神学的部分（Arens，1979）。"蛋白质理论家"（Harner，1977；Harris，1977）的理性主义者甚至偏颇地认为，大量杀死阿芝特克人的原因应归于长期缺乏可供动物（Arens，1979），然而，作为特定文化的献祭阐释几乎没有被提及。在行为理论家的辩论中，格拉迪戈（Gladigow，1986）试图重建集体屠杀的文化培养条件。

和当季水果的符号性死亡来庆祝这一宗教节日。

在生命繁殖时，仪式保卫机制（布尔迪厄）需要在一定程度上加强——简言之，必须有一代人去砍倒和杀戮——将必要的侵略性暴力行为转化为稳定的祭杀。布尔迪厄将这一礼仪的转换称为"否定罪"。

> 在收获的情况下，遭到集体否定的社会事实十分清晰，收获（Thamegra）就是谋杀（"Thamgert"指嗓子、暴毙、报复，而"Amagar"指镰刀）。通过这一行为，人们从深耕后肥沃的土地上取走孕育成熟的水果。最后一捆麦禾的仪式，基本包含在了从符号角度否定对大地或"谷灵"必要的谋杀（根据繁殖原则），通过将其转换为祭祀，确保了被祭杀的生命的复活。这一祭杀通常伴随着各种补偿性的献礼，它被视为对"大地的主人"生命的替代品……人们采用的逻辑来自于血之复仇（Thamgert），即一"命"偿一"命"，"大地的主人"在收割最后的麦禾时，冒着以命抵命的危险……这在常常被强加在"大地的主人"上的待遇中得到了强调，就好像要从他身上获取等值的金钱赔偿（Diya），被用于打破复仇循环所进行的补偿。举个例子，收割者又蹦又跳，就好像他即将收割最后一捆麦禾，将其捆绑并拖进清真寺一样，在那儿，他将对赎金进行谈判——蜂蜜、黄油和绵羊，在宗教盛宴上，它们将立即被人类祭杀，并由所有出席的收割者吃掉。（Bourdieu, 1990: 234-235)

人们不愿意从不同文化背景去对比结构元素，虽然这种不信任不无道理，但人们还是能成功地对祭祀仪式和最后一捆麦禾仪式之间的类比性做出评论。时隐时现的背景总是包含着一场谋杀，即要求赎罪和弥补的一种集体暴力行为。

仪式起着这样的作用，似乎不是第一次了，在一篇精彩的文章中，它们指既有影响又可以重复的真实事件。但什么是第一事件呢，是开辟人类戏剧的原始场景吗？是真实的集体杀戮场景吗？这一看似与狩猎祭祀复杂性相对的解释性策略正是勒内·吉拉德（Rene Girard）在其书《暴力与神圣》（*Violence and the Sacred*）中采用的方法，他是受《图腾与禁忌》（*Totem and Taboo*）一书的启发。《献祭者》（*Homo Necans*）以及《暴力与神圣》共享了洛伦兹的攻击理论前提，两本书都从暴力行为——不断召回祭祀仪式，允许仪式化的坦然攻击，因此加强了文化制度——衍生了社交的基本制度。然而，在吉拉德形成一般替罪羊理论组成部分的集体杀戮模式之后，并非通过"人类—动物"关系来绕圈子，而是基于一种基本的人类学信念。在这一信念中，暴力和竞争在早期社会是特有的，而遏制物种侵略的机制只能在文化中产生。在古代"献祭危机"中不可避免的爆发过程是由吉拉德称谓的"模仿欲望"（一种以他人欲望为导向的越变越强的欲望）驱动。它被称作"模仿"（Mimetic）是因为他人的欲望就是自身欲望的模型，个体没有扮演任何角色：我渴望着他人渴望的，想要成为模型中的模型、典范中的典范，因此通过对事物的超出临界点的模仿，他们的关系被无情地转变为竞争和暴力。献祭危机的高潮和解决途径，即为集体杀戮。"社会正寻求一位相对冷漠的受害者，即一名'舍身献祭'的受害者，否则暴力行为就会发生在自身成员身上（他最想保护的人）。"（Girard，1977：4）群体成员选出一名受害者，将其指定为"替罪羊"，并将其处死，用于替代的祭品制止了竞争和暴力，如此一来，全体成员就能恢复正常和合作。"模拟周期的矛盾在于，人们几乎不能和平地分一份都渴望得到的食物，但他们可以共享同一个憎恨的敌人，因为他们可以联合起来摧毁他，这样一来，就不会再存有敌意，至少可以在短时间内没有敌意。"（Girard，1987：128）宣泄式的暴力以集体谋杀的形式，将社群连在了一起。因此，雅典人保留了人类替罪羊的一种传统，即祭祀的骨灰（Pharmakoi）① 在需要时，会被塑造为一尊替罪石像。这种策略还有一个令人愉悦的作用，那就是确保族群对其有一个系统的错误认识。② 因此，在不能确定的情况下，祭杀既涉及集体杀戮，也涉及神秘行为的合理化和仪式化。

替罪羊机制是一种自我约束和文化生成的基本结构，通过这一结构，人们对威胁、焦虑、禁止、禁忌和体系，以及对技术创新的抵制变得易于管理，此外还能维护本族文化。俄狄浦斯保留了这一模型，尽管他像摩西律法中的替罪羊一样，虽然未被杀死，却承担了整个社群的罪行，被驱逐出境，流放他国。该隐和亚伯的故事，可能是西方最早的关于侵略的神话，与后者

---

① 古希腊雅典在净化雅典的祭祀仪式中，要将祭物的骨灰撒入大海。骨灰最初由两个人祭组成，但后来用面团泥人代替。——译者注

② 关于机制支撑的文化制度，吉拉德（1987：128）写道，"太多相似的欲望会导致族群内的激烈混战，产生需要和解的共同敌人。这种集体的受害不仅将触发调节受害者的祭祀，而且激发所有有用的公共企业与机构，从亲属关系的法律到食物采集和仪式过程，因为每个人的这些需求，只有通过这个过程来实现社会和谐。我相信，这就是为什么原始宗教要参与所有伴随受害形式的公益活动，主要是因为这些受害形式带来了共同和谐，因为他们一致相信，一致曲解。"

不同，它是通过杀掉竞争对手谋得文化创新为结局；该隐被盖上印记，饱受侮辱和摧残，被驱赶至荒芜之地，在此期间，他建立了人类第一座小镇。

大量神话都支持吉拉德对集体谋杀源于罪的解释，正是这一罪产生了文化。故事中总会出现一个无所不能的人——海奴威蕾（Hainuwele）。这个拥有神赐能力的人因此被指定为替罪羊，他挑战了集体谋杀，并在粉饰的神话中，从违法犯罪者变成了施恩者，从罪犯变成了英勇的救世主和带来文化的人。"在祭祀仪式中，被杀的祭物相当于神话中的'黑暗事件'，它才是原始宗教的中心。集体谋杀的作用类似于让文化受益的触发机制。"（Girard，1987：120）神话使所有文化变革都沿着祭祀的路径——抛开这一部分，通过替罪的祭物，进行赎罪和开脱。即便如此，拯救（Salcatio）和偿还（两者都需要宗教，又促进了宗教的发展）基本上都拥有同一种能力：对集体暴力的神话合理化和仪式渠道化。因此在吉拉德看来，宗教是一种误用的暴力，在单一情况下，其基本作用在于成为族类攻击的承重决心。"暴力和神圣密不可分"（Girard，1987：34）。

我们已经看到，早在寻求集体谋杀者的过程中，吉拉德就阐明了古代节日的大致背景，他将事实的谋杀确立为初始的文化场景，还将符号秩序的生成追溯到了替罪羊机制当中。与此同时，布尔克特则沿着自己青睐的起源方式，将人类所有的特殊性情和集体暴力的个别行为联系在了一起，这样一来，仪式祭杀于他而言就变成了文化传统的焦点。在两种启发下——尽管两位作者对攻击的群体建设力量的强调略有差异，尚未达成共识——我们现在回到简单而又基本的馈赠问题上。

对宗教理论家而言，毋庸置疑的是，动物祭祀和人祭有着巨大的差别，而这种差异在馈赠的人类学中仅仅起次要的作用。但在上述两种情形中，真正的要点在于暴力行为优先于馈赠（和宽恕）。在此情况下，馈赠和分配都指代杀戮，然后被编码为礼物和交换，但所指的内容并不意味着它是建立的基础。布尔克特和吉拉德等学者，将社会秩序的基本结构单一地建立在了仪式祭杀上，他们夸大了"攻击"在族群构建中的作用，并淡化了第二个且同样基础的"组织"原则。因为祭祀群体也是食物共享群体，其内在秩序是通过食物的馈赠和分配实现的。馈赠和分配将杀戮视为优先事件，但实际上，它们是建立在祭祀分配的基础上的。如此看来，馈赠和祭杀在结构上是相互交织的。

6. 祭品分配

用餐第一，道德第二。

——布莱希特

馈赠意味着放弃，意味着舍弃某物，也意味着同他人进行分享。建立这种行为模式的难点不断地以各种各样的神话和传说表现出来。似乎很难有什么比赠送可独享的礼物更自然，但也更非凡的事了。那么，我们应该怎样解释馈赠在古代社会是为了表示慷慨（少有的鉴赏）？怎样解释他们极度蔑视任何带有吝啬和贪婪意味的事物呢？人们虔诚地认为赠送比接受更为有福，即便人们承诺为力量的失去而充满感恩。从历史早期开始，就有赞歌颂扬慷慨的内容和警句指出馈赠与接受的含糊动机和普遍之间的暧昧。正如一句德国谚语所说的那样，"有一个鸡蛋了，还想要两个"，或者"用鸡换骆驼，以小换大"。防范的措施，焦虑的措辞，仪式防卫机制，以及对"更高回报"的承诺或纯粹世俗的报答——以上所述形成了一项选择，这一选择变幻无常，不值得信赖，但却在人们的生活中必不可少，它可以随时变成反面，甚至当其长期植根于社会道德经济的某项义务或基本规范时，它还会表现出矛盾的一面（Bourdieu，1990：298）。

系统及个体模型主要将"馈赠义务"（Riches，1981）与食物分配联系在了一起。食物是第一种同他人分享的物品（Sahlins，1972），而值得注意的是，它不仅与动物群体有关，还与特殊的母子关系有关，使食物的社会情感策略带个体强制性。童年时期，人们从长辈或地位崇高的人那儿获得食物，但在接下来的一生中，他们将不得不对食物进行分享。毫不意外的是，与馈赠和祭祀共同出现的共生动植物、祭仪用餐或圣餐，作为社会秩序中约定俗成的馈赠形式，就其自身而言，主要通过对食物进行分配的规范得到加强。

现在，在超出双方基本范围的情况下，系统地进行分配的第一份也是最为古老的食物——来源于被猎杀和被宰割用以祭祀的动物——这一现象表明，进行互惠"馈赠"的普遍行为应追溯至史前种群（Burkert，1983：26）。因为，分食肉类是人类就餐安排制定的奠基性行为（Baudy，1983）。也许伴随着享受美食出现并持续至今的符号剩余会发现（Fiddes，1991）相关的古代基础（fundamentum in re）。

作为对特殊给食形式的适应，分享的意愿直接包含了潜在的依赖和团结。对猎物的分割（出现在人类历史后期）或对祭品的分配遵循了某些特定的规则，这些规则从里到外、从上到下、由此及彼地对分割进行了明确的界定，不仅如此，这些规则还对分配机会、分配内容、分配方式进行了规定。那些"第一次捕猎到海象的哈德逊湾（Hudson Bay）的因纽特人会得到海象的象牙和一个前肢；第一个赶来帮助他的人将得到另一个前肢；而第二个帮助他的人，会得到海象的脖子和脑袋；第三个人将得到海象的胃；而接下来，每两个人就能得到一个海象后肢"（Levi-Strauss，1969：33，引自Boas）。同样，对海象的分割也有可能被证明为对族群和亲属内在结构的戏剧化。"位于非洲南部的聪加人（Thonga）会将（猎物的）一条后腿分给兄长，将一条前腿分给弟弟，而将剩下的两只腿分给长子，将心脏和肾脏分给妻子，并将尾巴和后臀分给直系亲属，将腰上的肉分给舅舅。"（ibid.，35）根据环境状况和社会化程度的不同，分配规范也会有所不同。在狩猎文化中，资源短缺和合作狩猎实践已经意味着棘手的分配问题，它与个人单独行动所遭遇的问题大不相同。但分配肉食无论是由权威人士授权，或是由资深成员监管，还是由成功狩猎的猎人本人定夺，符号盈余都会出现，通过它，族群成员和等级地位不仅作上了标记（在高等脊椎动物中也如此），而且还得到了积极的塑造。

我们已经从行为科学中了解到了许多动物等级和饮食之间的关系，除此之外，我们还认识到了猎物分配的联系。[①] 但相对于成群结队的捕食者而言，人类狩猎者独占了猎物。只有在这样的情况下，食物的获取和分配才能发展成为基本的等级活动，对稀缺物品权威、严正的分配，对肉食产量高度重视，因为符号剩余价值能够影响地位和等级。比如，在南美洲的火地岛（Tierra del fuego）上，狩猎成功的猎人享有独自分配的特权，他将独自判断给哪位邻居分配多少块肉，故而，肉的大小和数量表明了信誉和威望。因

---

① 杰哈德·博迪（Gerhard Baudy，1983），特别在135f系统地探讨了该主题的行为理论维度。

此，将食物作为礼物是一种表示尊敬的方法，不仅如此，它还将他人置于提供适当服务的位置，使之具有回报的义务（Baudy，1983：141）。这一做法取得了成功，它保持了和回礼的流动，从而表明了馈赠与接受行为中固有的行动—激励的含义。

因此，通过把互惠（马瑟·莫斯认为他在解释神力时已经讨论过了）义务的不稳定结构机制看作起源于血亲照料行为的平衡，人种学的理论策略将馈赠的人类学还原为了一种简单的模式。艾布尔·爱贝斯费尔德（Eibl Eibesfeld，1971：164）写道："我们坚定地认为，仪式起源于喂雏，目的在于关系的结合。因此，亲吻和馈赠必然成为喂养行为中最为普遍的仪式形式。"

如果社会评价和馈赠的情感符号表现的确符合这一模式——这一模式似乎在基因方面不可改变——那么，任何馈赠与接受行为都可能或多或少被明确地描述为一种等级行为，其即时效果引起了优势和劣势形式的不对称。"只有参考提供食物的父母和嗷嗷待哺的儿童间存在的护子行为，才有可能解释为什么礼物必须通过回礼才能被中和（除非人们满足于社会劣等地位的现状）。"（Baudy，1983：142）每一个孩子都以"小资本家"的身份踏上生活的道路。无条件接受馈赠之后紧跟着痛苦的分享阶段，直到完全不合理的需求（权力和声望的收获在很大程度上软化了这一需求）获得了特殊的魅力。

然而，即使人种学似乎确凿地认为，馈赠这一机制是起源于护子行为，但尚不清楚的是——不仅在这个特殊案例中——行为科学中的论述原则是怎样与社会团结的方式联系起来的？人种学解答了"从哪儿来"的问题。通过重新确立与护子行为的纽带作用的联系，它阐明了这一基本功能循环的生物系统背景。显然当行为的生物固定标准通过这种方法运用于规范取向和道德规范上时（它们在科学上相互作用），这种解释就显得有些牵强，当然。后者更为有效。无论如何，这一介于起源和效度的诱人的捷径导致了空洞的表述。护子行为是一回事，对关系公式的有效主张的解释是另一回事，对社会低等阶层出于恐惧而发生的馈赠和回礼的"行为—动机"结构的解释又是另一回事。[①] 因此，源自护子行为的给养仪式的纽带作用无可非议，同样，在

———————

① 关于文化方面突出介绍社会自卑，以及自卑和弱势的区分，见内克尔（Neckel，1991：146f）。

人类社会演变中，食物竞争关系向合作伙伴关系的转换也很重要，这一点也不应被质疑。有待解释的是，给养的生物利他性——标志着从自然向文化演变的整个过程——是如何使馈赠与接受变成享受声望、确定地位的符号秩序的？

接受与软弱有关，而馈赠与力量或身体优势有关，通过这一事实，我们应该记住，当接受落入某一社会规范时，这一框架本身就会发生改变。之后，人们提出了索赔和权利要求，在与至高无上的神灵进行交换时，迫使馈赠者变成两者关系中地位较低的一方。当然，"上帝之子"的对话实际上再生了幼儿依赖的结构，这一结构是人种学在护子喂养和馈赠仪式的相互影响中确定的。因此，类比在人类文化的话语中打造了一个物质内核和中心周期主题。在成人世界中，如果有人接受而不馈赠，那么他们一定享有一种特殊的合法地位，或者至少拥有极大的勇气在婴儿效应中享受利己的情景优势。

对于根本的不确定特征，符号短缺和符号盈余之间不断进行的转换在"原始社会"的再生循环中十分普遍。显然，食物（肉类）具有特殊意义，而占有食物和分配食物则可以增加权威盈余。食物"不仅是丰富的情感源泉"，它还"为最抽象的观念以及宗教生活的比喻提供了基础"。简而言之，食物充当"最高精神体验"的符号，还可用来表达重要社交关系（Richard，引自 Levi-Strauss，1969：35）。食物既是存在必然，也是焦点比喻，借此世界观和符号秩序得以产生和发展。

如果"烹饪是一种语言，而通过这种语言，社会无意识地显露出了社会结构"（Levi-Strauss，1978：495），那么反过来，根据餐桌安排原则，人们会多少有意识地构建并形成了社会。族群的符号秩序在公共就餐中被定义和具体化，但其内部等级是在分配规则中形成的。族群成员的食物代表了族群本身，但并非每个人都能吃到别人的食物，共生主要通过调控来展示社群建设和等级生成的力量，事实上，也可称之为社会结构的神圣合并。

早期的狩猎文化已经将猎杀仪式和猎物分配仪式带入了社会秩序的中心。到了现代，烤肉的划分和切割成为一种性别特权，而食肉本身则成了节日价值的缩影。直到 17 世纪，至少在欧洲贵族中，烧烤的动物是整只端上来的。"餐桌上不仅会出现整条鱼和整只鸡（有时还带羽毛），还会出现整只兔子、小羊和四分之一的小牛肉，更别提让人垂涎欲滴的大块野鹿、野猪、野牛了。"（Elias，1944 [1939]：97）把它们切好端上餐桌——这成了主人或受邀客人的一种特殊荣誉。在宫廷和王室内院，有这样一种制度，即分配烤肉的人都拥有很高的威望。

猎物皮肉的符号剩余价值，即最初与"狩猎比赛"中猎物的捕捉和分配密切相关的"雄性"食物，在社会进化的过程中被扩大了范围，演化为了面包和牛肉，成为"人类"劳动的新产品。新石器时代早期，种植园主的起源神话和食人主义仪式（Baudy，1983：147f.）阐释了这一转换模式，该模式在仪式上否定了社会经济权力（妇女将作为农耕的承载者获取）的扩张。在神话中，人们认为栽培的植物是从被肢解的英雄尸体中长出来的，而生育仪式则总是用人祭代替被祭杀的神灵。因此，在食人风俗中承担屠杀和分配祭物的人，为恢复外在环境，使土地肥沃，将古老的狩猎活动的变异形式与由妇女发展并维持的经济结构结合起来。"在神话中的猎物皮肉向植物性食物的转变表明，通过这种方法，族群中的男性可以通过仪式夺回妇女日渐上升的威望。"（ibid.）分配肉食与在结构上类似于掰开面包和分配面包——不仅在基督教的晚餐上展现了出来，还在家长制的中世纪童话中表现了出来——它作为一种社群联系纽带，在用餐中保留了这一决定性的声望调控模式。另外蔬菜在维护权威方面至今仍起着反面的作用。

众所周知，宇宙进化论通过原始人类的惨死宣布了大地的最终裁定。反映史前人类祭祀的神话，将分配结构置换为了整个世界的分配结构。印度神话从向原始巨人神普茹莎（Purusha）[①] 的祭祀中获得了宇宙、家畜和种姓制度：他的嘴变成了婆罗门，两条臂膀、两条腿和两只脚则分别变成了其他三个种姓。在夏威夷，"首领被描述为头颅，酋长被描述为肩膀，牧师被描述为右臂，收税员被描述为左臂，士兵被描述为右腿，工匠和艺术家被描述为内脏，而穷人和负债者则被描述为无用的泡沫"（Baudy，1983：152）。在这一组合中，社会角色与用于祭祀的肉类直接相关。"因此人们认为，组成各个社会类别的神话人物应该可以反映出食人风俗中被肢解的祭祀物，这些祭祀物在种植园的阶级社会中，按照等级代码被人分配和消费。"（ibid.，152）

在新石器变革期间[②]，随着阶级社会的出现，社会化形式和一体化水平发生了翻天覆地的变化。农业和畜牧业剩余使得社会中产生了盈余，这些盈余被圣礼的王权霸占，并进行了重新分配，以稳定主权。在社会这种圣礼政

---

① 普茹莎是印度神话中最初的人类，也是宇宙中的巨人。——译者注
② "等级社会出现"的讨论参见 Klaus Eder（1973）编辑的同名系列。

治结构中，成员代替了亲属，加强了劳动力分配和初期约定俗成的不平等关系。"因再分配而组织的新石器经济和神圣的规则形式之间的结合，在所谓的寺院经济中运作良好。首先，它们处于维持再分配结构和抑制剩余产品的地位；此外，首领……对宗教机制进行必要的处理以保证社会融合。"（Eder，1976：96）寺院经济，由于物品集中和垄断处于祭仪的中心，也成为向国有社会转变的先决条件。但反过来，对自给自足经济的食物储存而言，食物的神化必不可少（Gladigow，1984：28）。

古代阶级社会将社会结构作为祭祀群体进行了巩固并扩大。杀戮和分配的仪式不仅规范了分配珍贵物品的方法，还根据就餐的具体特征，加强了等级秩序，巩固了族群的建设。粮食供应——等闲阶级实际上靠祭祀排出的头衔为生——日常必需的公共用餐和社会分配仍然是基本参照系统。除此之外，社会系统化地扩大了道德经济（通过货币的发展）和政治经济的抽象程度。

关于古希腊高等文化，哈德·布迪（Gerhard Baudy，1983：153f.）可以为我们展示法律、地位和命运的核心概念是如何从祭祀领域，尤其是如何从肉类的仪式分配中借用并普及的。

随着城邦的加强，从前公共祭祀用餐的皇室特权转移给了社群或官员，其前身为代表国王的王者执行官（archon basileus），他们还被赋予了监督之类的职责。从此以后，城邦的生存基础也被并入了祭祀用餐或分配（该词除了"分配"以外，准确地说，还有"切割和分配烤肉"之意）之中。这一餐饭"是一种国事活动，而最为重要的仪式就是切割已烤好的祭品。因为每一位参与者得到的烤肉，都代表了他本人的价值，即烤肉等级对应着社会等级，每个人收到的烤肉与其自身的地位相等"（Laum，1924：46）。例如，在泛雅典娜节中的祭拜规则中，我们可推断出，最高法官得到了祭品烤肉的五份，九位王者执行官得到了三份，而个别祭仪官员得到了一份。同样，军官和税吏也得到了部分奖赏，剩下的烤肉则被分发给了百姓。然而，在同一个节日里，屠宰者在雅典娜祭坛上宰杀了许多头牛，它们的肉按照社群的地位进行了分发（Baudy，1983：155）。在过去，竞技中的得胜者也会得到祭祀烤肉的一部分，所以竞技比赛也成了祭祀仪式不可分割的一部分。

希腊人用法律（nomos）观念，规划了城邦的内部结构和法律秩序。法律即指"分配"（nemein），这一活动最初与切割烤肉和分配烤肉有关，之后，扩展到了其他分配范围。根据博迪的词源分析法[①]，"nomos"最初仅指分配烤肉（对第一种公平分配形式的仪式编码）。赫西俄德（Hesiod）是这方面的最大权威。在《神谱》（*Theogony*）一书中，女神欧诺弥亚（Eunomia），即忒弥斯（Themis）的女儿以及戴克（Dike）、厄瑞涅（Eirene）、摩伊拉（Moirai）开创了一种公正的分配秩序。代表不公分配的戴斯摩尼亚（Dysmonia）是不和女神厄里斯（Eris）的女儿，复仇女神涅墨西斯（Nemesis）的侄女。涅墨西斯是愤怒的化身，她为那些认为自己在分配烤肉时受骗的人们索债。与此类似，俄狄浦斯（Oedipus）被人拒绝分配给自己应得的那份烤肉，即"王者之肩"（Ranke-Graves，1984：240），俄狄浦斯对他的儿子进行了诅咒，最终，两人为争夺烤肉杀死了对方。

与祭祀分肉相似的另一个起源，也蕴含在悠久的古希腊命运观念中，即命运（意为"参与"或"分享"）以及守护神（daimon，意为"分割者"或"分配者"）中。这些术语在建立城邦之前涵盖了法律观念，不仅如此，它们在后荷马时代（post-Homeric）也同样具有可行性。在仪式铭文中，术语"命运"指的是分享祭祀烤肉。博迪怀疑命运女神摩伊拉（Moira）化身的烤肉早在荷马时代就已经成为民间宗教的一部分了。在《奥德赛》（*Odyssey*）中，摩伊拉化身为肉，而在《荷马史诗》中，赫尔墨斯将祭祀的烤肉分割为了12个莫伊莱（moerae），其中受人尊敬的部分留给了神灵。该亚（Geras），除了指时间、荣誉，还指以特别的肉块表现出来的物质基础。阿伽门农（Agamemnon）在证明自己特别善战时，用长长的背脊骨奖励了艾杰克斯（Ajax），而欧迈俄斯（Eumaesus）则将长长的脊背骨奖励给仍未被认可的英雄奥德修斯。脊骨肉也是斯巴达国王的特权（Meuli，1975：947）。伴随各个不同地位的不同职责在《伊利亚特》（*Iliad*）的一段情节中得到明显的展现，在这段情节中，阿伽门农让奥德修斯和墨涅俄斯解释为何没有在前线战斗，尽管他最初召唤他们在餐桌上和平解决。根据博迪所述，术语莫伊莱（moerae）指："限于餐桌上，表现出化身为肉的证明。"（ibid.，164）

在《荷马史诗》中，神灵被命名为守护神或分配者，词源上指"宰后得

肉"（Daizein）、"占有肉"（Dais）、"切断"（Dateisthai）、"切肉"（Daitreuein）、"分配"（Daitron）、"切割者"（Daitros）以及"客人"（Daitymon）。从这些证据中，我们可以清楚地看到，命运设定的守护神投射了切割和分配烤肉的下议院元老，并因此扩展摩伊拉（Moira）的语义（决定人类命运之意）（ibid.，166）。甚至术语"等级"也来自人类圣餐计划的神圣范围（ibid.，167f.）。

当然，在城邦祭祀背景下不止产生了法律和命运的一般概念，因为功能互补循环的社会进化论表明了同一点，货币，作为抽象交换形式的一般具体化，[①] 同样也建立在祭物祭杀和分配的基础上。

德语中表示货币的单词是"Geld"，它来自古高地德语，原意为"向神灵献祭"，它也用在"复仇""弥补"或"报答"的意思当中。"Gelt"最初指献给神灵的物品，鉴于这一点通常与祭祀的动物有关，这一术语常用来指牛群和货币。罗马人将货币称为"pecunia"，而印度人则将其称为"rupee"（来自梵语"rupa"，意为"一头牛"）。像所有能够作为等价物的突出对象一样，这里的"货币"也是祭仪就餐的材料，其实用功能尚不及"神圣功能"。分配规则和流通手段起源于祭祀环境。当时彩礼以牛羊头数计算，荷马称狄俄墨得斯（Diomedes）的盔甲值9头牛，而格劳科斯（Glaucos）的盔甲值100头牛，即便如此，这种"估算"的世俗形式仍保持了与"神圣行为"（通过它，献祭的社群繁衍并巩固了道德词汇）的联系。

始于公元前7世纪的希腊铸币——最初为圣殿垄断——标志着介于物质祭祀和世俗化之间的交界面，它开辟了从"祭祀经济到政治经济"的过渡（Kurnitzky，1974：30）。货币的初始形式让人完全认为硬币也同样直接源于祭祀或公共烤肉祭祀，但执行这项义务的主要还是祭祀器具。奥博勒斯（Obolos），一种著名的希腊硬币，最初是一种细薄的铁棒或烤肉叉子，它出现在分割祭肉后分配给人们的煮熟的烤肉上。这一对烤肉叉子的分享首次成为一种价值符号，并最终被命名为硬币。雅典的硬币德拉克马（drachma），

---

① 货币的神圣起源和来自献祭的发展，见劳姆（Laum，1924）和库尔尼茨基（Kurnitzky，1974）（主要关注于揭示金钱的本能结构）。在本文中也请参照《交换研究》（*Enquiry Concerning Exchange*）（Stentzler，1979）。诺道夫·沃尔夫冈·穆勒（Rudolf Wolfgang Müller）（1977）的研究试图建立一个有理论要求的、在金钱和抽象之间的历史遗传关联。汤普森（Tompson，1954，1961）的研究也很重要；还可参考埃内斯特·博尔曼（Ernest Borneman，1977）中的《金钱的精神分析》（*Psychoanalysis of Money*）一卷。

价值为 6，字面意思为"一捧"奥博勒斯。"如此一来，硬币代替了烤肉叉（例：肉串的一部分），并通过'不断联系'保持了奥波勒斯的名称。"（Laum，1924：114）从罗马硬币阿斯"as"，人们可以推断出另一种对祭祀烤肉的类似暗示，而这种硬币可追溯至"Assus"（烧烤的）。

如同在祭祀杀戮或搭三脚架时使用的双刃斧，其他祭祀器具也衍生出了类似的方法，首先以零散的货币形式出现，随后又在硬币上印上图像。总之，硬币上的标志只能表明起源和流通的祭祀符号秩序。古希腊艾留西斯（Eleusis）的硬币上装饰有向德墨特尔（Demeter）献祭的圣猪，西非厄立特里亚（Eritria）的硬币上展示了献祭给赫拉（Hera）的圣牛，而古希腊科罗顿（Kroton）的硬币上的祭祀圣碗及其三脚架支架则证实了阿波罗神教。诸如此类的案例不计其数（Kurnitzky，1974：35f.），符号图形也十分类似——例如统治世家和贵族家庭的印鉴，或仍在旅店和宾馆中留有佐证的动物图腾——还可以回溯到曾经的祭杀和公共就餐的传统中。最后，我们浅谈一下祭祀、交换和发展贸易的密切联系。春祭（Feria）或贸易会（Messe）（集市）既代表了宗教，也代表了世俗节日，这些节日上会出现神圣行为和世俗行为。

我们在《启蒙辩证法》（*The Dialectic of Enlightenment*）中读到的"交换"是一种"祭祀的世俗形式"，那时，祭祀已经表现为合理交换的奇特模式（Horkheimer and Adorno，1979：49）。因此，这意味着"交换"系统地欺骗了神灵。以荷马的《奥德赛》为例，主体性的原始历史已经背上了自足理性的污名，它基于对外在自然的强迫性掌控，通过它，自我屈服可以转变成狡猾的自作主张。然而，只有以消灭谋利为目的的主体性为代价，人们才能成功地"将祭品转换为主体性"。通过削减一切非自主因素，人们将自己设定为向着自己的祭品。交换的觉悟本质被消除，使残忍的独裁专政凌驾于人的情感和热情之上，以便逃脱吞噬和被吞噬的不稳定规律。但在祭祀中，逆反的本性以积极的服务作为回报。根据"文明史即祭祀内省的历史"，即"克己历史"的说法，《启蒙辩证法》中的描述大多十分真实（ibid.，55）。人们只有在自愿奉献与祭祀经济相关又与交换逻辑相关的肉体（字面意思为痛苦地割下自己的肉）进行偿还时才能摆脱困扰。

在以自足理性为媒介的作用下，控制自然和张扬自我合并在了一起，在此情况下，文化脱离和祭祀代替品可被视为普遍性基础。进行祭祀的人并非自觉自愿，他放弃自身的一部分，以求获得更多自身缺乏或富足的那一部分。所有基本群体（明显"对文明不满"）都建立在脱离的基础上，"祭祀作为礼物，是为了获利更多；作为偿还部分，是为了避免破产"（Stentzler，1979：120）。礼物交换和祭品交换同为一体，正如最初祭祀逻辑内在于交换，交换逻辑也内在于祭祀一样。

因此，对工具理性的适应让我们牢记，古代交换主要起着和解的作用。礼物是集体之间和代际安慰的纽带，而祭祀则被转移到了原始神秘力量当中，其目的是为了确保整个群体的繁衍过程。通过祭祀，社群试图将介于张扬自我和控制自然间的微妙平衡永远保持下去。其中，成功与信仰并无必然联系，与繁衍模式中整个仪式也无必然联系。在祭杀仪式、用餐仪式、馈赠仪式、接受仪式以及分配和报答仪式中，个人践礼形式的分散结构似乎被系统地驱逐了出去，古代社会的符号秩序变成了仪式主义（tout court）。但当仪式化囊括了所有可使人类永存的基础活动时，仪式又意味着什么呢？

我们已将暴力的神圣化视为了猿向人进化过程中的关键所在，但还有必要详述交互作用的圣礼特征①，以及作为社会基本整合机构的（至少在仪式的形式意义上）固有活动的首要功能。宗教仪式②作为一种集体行为，帮助人们克服了现实生活中的困扰，并因此将秩序带回了世界。"技术常规中不包含对场合正式行为规定，有关茫茫众生的信念或权利被认为是第一个也是最后一个造成一切影响的原因。"（Turner，1982：79）由于这一原因，仪式不仅在传统上被视为做出表达、形成意识和准确验证这个"第一也是最后"，还被视为隐藏在社会生活结构中的事物，规范和价值，即族群的内在道德。我们已经在旧石器时代狩猎群体的案例中看到，仪式使不稳定的语用活动摆脱了"自然环境"，因此，高度形式化的符号化承载行动序列带着"崭新的"涵义出现了。简而言之，"社会仪式创造了一个没有仪式就无法存在的现实社会"（Douglas，1970：78）。

仪式构成了一个"有限的意义领域"（Berger），它唤起并象征非常规生活。通过特定时空结构的分离，仪式正式地展开：在精神上，它朝着主题集

① 如果欧文·戈夫曼（Erving Goffman）直接引用涂尔干的话语，不断暗示个人"圣洁性"的宗教社会学，这既非偶然，也非口头修辞。但是仪式行为，即使是在它最世俗化的形式下，似乎也传播了象征性的内容，这些内容的动机是宗教性的（Goffman，1972：95）。

② 尽管人类学、社会学和行为学在研究方法上难免存在概念差异，仪式涵义和仪式功能达成了相当多的协议。关于文化人类学和社会学理论的指导调查，详见莱纳·魏德曼（Rainer Wiedemann，1991）的研究。尽管戈夫曼的仪式概念明确带动了这一传统，但是行为学方法的应用几乎随处可见，虽然未有表述。

中、参照位移和经验控制的压力方向进行；在心理上，则通过代表性的一般
实践经验和作为结果的"道德幸福感"进行（Durkheim）。作为"一种规范
而又十分必要的行为秩序"（Bourdieu），仪式本身什么都没有设立，是以神
话和功能归属为媒介带来的——至少在涂尔干的著作中——它被证明是次要
的。其主要目的在于"激发一定的思想和感情，以将现在和过去、个人和集
体结合起来"。因此，族群的心理是涂尔干称谓的"仪式心理"唯一牢固的
基础。迄今为止，信仰将或这或那的物质效力归因于仪式，就此看来，在可
以缺少物质而不改变仪式本质的情况下，一切都是附属的、因形而异的事件
（Durkhein，1995：283）。

当然，集体意识的具象表达似乎与仪式主义在古代社会的繁殖功能不
同，仪式本身成了行为规范，或确保正确的行为可以唤起意义。这些情况的
发生是因为，仪式（不同于具有叙述结构的神话）本身就是社会记忆的主要
实践形式。仪式主义和严格的事件顺序，在没有任何选择的情况下，限制了
意义的内容并确保了社会规范的验证（Eder，1976：28）。成功恢复仪式原
状在神圣化系统组合中被参考，在此基础上，形成合法性或获得正当性的所
有过程都转移了。玛丽·道格拉斯（Mary Douglas）写到有关丁卡人
（Dinka）关于"失败"的仪式："通过仪式和演讲，过去发生的得以重申，
如此一来，应该发生的便占据了优势……当人们犯下乱伦行为时，一场祭祀
可以改变这对情人的共荣祖先，也可以抹去他们犯下的罪行。祭祀物被切成
两半，切口顺着性器官纵向延伸。因此，这对乱伦亲人的共同起源在符号上
受到了否定。"古代社会的符号秩序取决于世界信赖的幸福感，而这种幸福
感来源于记忆、重复和整合。

仪式操作似乎并非首次。仪式必须生动形象，典型而有代表性，且易于
重复——这些特征（从仪式心理上）使仪式成了社群的情感纽带。仪式对社
会记忆和经验的控制，以及对犯罪和制裁的控制，将仪式本身确立为道德整
合的唯一合法模式。无论分离何种符号秩序，抑或结合何种被合理分开的符
号秩序，内疚的起源都与之无关，内疚只来源于社会整体的复制再生。这一
再生与侵犯必然性相关，而这一必然性很有可能是涌现出的仪式中最为重要
的成就。即仪式系统地否定了行为之间任意但强制的规范冲突。为此，通过
否认，仪式使不可回避的跨界问题得到了许可。"事实上，最为基本的仪式
行为是否认罪过。"（Bourdieu，1990：212）不同于涂尔干的概念世界，他
认为社会进化的基础在于结构冲突。

对维克多·特纳（Victor Turner）而言，"社会戏剧是一种原始而又重复的竞争模式"（Turner，1982：11），其中，仪式是一种超然而广义的复制。

> 人们通过打破掌控社交生活重要关系的规则，扰乱有序的、受规范制约的平静的基调，从而引发了社会剧变。它迟早会引发一场危机，如果得不到解决，社群就会分裂成相互对抗的派系和联盟。为了避免这一情况发生，自认为或社群公认为最为合法或最具权威的代表将采取补救措施。（ibid.，92）

此时，仪式作为解决危机和冲突的承诺，十分有用。但竞争过程普遍和分散的再生似乎并不足以为社群的重新整合带来有利的影响。只有集体上演的具有差异的实质性戏剧退出相互冲突的日常生活，世俗纷争和神圣替代品之间严格的对立，才能在冲突中产生社群真理探索和道德联系的可能性。

仪式是一种"反结构"，它是文化自由的理想空间，是人类日常行为要求趋于无效的"颠倒的世界"，此时，道德"义务"与愉悦和情感有关，冲突的利益符号减弱并转变为了道德太平。① 危机解决意味着回归，在意识到符号秩序的必然性的情况下，从颠倒世界的反结构回到社会结构当中。

如果人们像特纳一样，从社会危机和冲突所产生的压力角度对仪式的产生和重要性进行解释，那么仪式可以进一步解释为，它不仅是危机的处理机制，还是避免文化冲突的绝招。

仪式活动体系的一项基本特征在于从源头上预防危险，而危机源头呈现为必要的、但在结构上不稳定的合作形式。仪式化规范了仪式情景，将威胁群体内部团结的无政府倾向转变为"规范而又绝对必要的强制行为过程"，在此情况下，仪式创立了情感控制和道德整合的文化传统。例如，在原始祭祀中，人们将第一份祭品也是最好的祭品献给神灵。在分配领域，原始祭祀是一种典型的冲突调解行为。"尽管如此，原始祭祀通过否定和消除彼此嫉妒的策略产生了一种'防御空间'，是谁先得到的？"（Burkert）排除这一问题就等同于将背景神圣化。任何用于仪式实践活动的事物，都脱离了日常生活领域，变得神圣起来。在这里，"现实的社会建构"（Berger and

---

① 在范·基尼（Van Gennep）的三阶段理论模式的基础上，特纳（Turner）试图分理出仪式阈限（例如：过渡阈值）阶段反结构的特征。关于"集体终结性"及其不同含义详见特纳（Turner，1969）。

Luckmann，1971）以非常规化的仪式建构表现出来。正是在这一将物品从日常生活中带走的过程中，不稳定的社会形态（与第一次也是最后一次判罪直接相关）在意义上发生了巨大的变化。仪式的文化潜力正是建立在这样一个事实之上，否认罪的悖论激发并推动了集体误解，而这反过来引起了意义转移和新的意义产生，而一切符号结构得以产生。因此，社交是由神圣事物构建，而对于神圣行为，与其称之为社群的幻影形式，还不如说它是群体构建的原则所在，至少这种说法很值得我们思考。

通过前面几个章节，我们已经了解了礼物和祭祀（两种最为突出的古代馈赠形式）是如何在仪式中驱邪和进入神圣的情景中，并因此放弃了剩余符号劳动力。食物采集和分发、满足基本需要及其永恒的形式为这场征途提供了系统化起点。杀戮、馈赠、接受和回报都归结于吃，食物是这样一种材料，杀戮、馈赠、接受和回报都是围绕着它它完成的。食物的获取、分配和合并的神圣化最终巩固了这一基础，在此前提下，投射的概念以及形形色色的符号得以不断构建。

也许，公共就餐的确为文化所创造，通过这种创造，我们所称的符号秩序具有了操作性。仪式控制并中和了能够满足所有社会变化先决条件的场景。赠送食物——没有例外的话，是饮食习惯（"文明化过程"的主要争论焦点）的改变（Elias）——是撕扯、咬断、咀嚼和吞咽的高度个性化和具有破坏性的行为，它使得冲突的情感域流动了起来。食者总能感受到来自敌对欲望的压力，出于对否定文化强制力的恐惧，主体贪心与欲望的满足感黯然失色，或者至少被削弱。断崖的独木桥过于狭窄，光靠信任过桥者的体力远远不够，因为合作和监管并未涉及其中。公共就餐中，当食物竞争转变为当前分裂的悖论社会（表现为利己的社群）时，结构冲突的仪式化和符号编码构架了通往谦逊用餐的桥梁。因为"个体所吃的食物绝不可能被其他人吃到"（Simmel）。但与此同时，被消费物品的地位以及被融入的符号特性产生了族群的身份。受仪式驱使的意义转移和符号创新为传递和连接开阔了视野，这样就能够将融入公共就餐中的部分外化为社群的"质地"。此时此刻，食物摄入不仅融合了符号秩序的要求，还将符号化地组织消费过程。

7. 命名

名字，是我们身边最珍贵的词语。

——克卢奇

在所有名称和常用词中，专有名词，抵制着意义的分解。

——列维纳斯

分配语言形成于经验，来自于满足、饱食、圆满与不足、贫困的矛盾情绪。因此，描述"更高级"感觉的词出现了。它的意思沿用至今："爱穿过骨髓"，深爱一个人时可以"活活把他吃掉"。在法律、命运、道德和政治经济等抽象领域中，相关的世界观和解释系统出现了，未知与已知相联系，无名与名称相关系。因此名称赠予终结了陌生，所指巧妙地把文字和食物结合在一起，把名称和"实物"结合在一起，这种结合使名义上的文字牢牢地套住了实际的事物。

我们不知道所指是如何开始出现的，但很明显，它与馈赠的人类学关系重大。这里也一样，程序性的基本活动（赠予、获取、杀戮等）会出现，为社会差异提供初始机制，最终以个人财产、能力和权利为象征，在真实与虚幻的命名之中达到顶点。这些活动看似特别倾向于等级制度，因为它们对正确性的要求源于分配的范畴。

"世界上所有的信任始于名称。有了名称，就可以讲述故事。"（Blumenberg，1985：35）圣经的天堂故事中，第一个应许已经显示出，完全未知的宇宙已经托付给了人类，因为人类可以为不同的生物命名。为了知道众神、万事万物和原始神力的"真正的"名字，意味着要使用富有想象力的资源。通过祈祷，这些资源不但可以让人了解，还可以实施形式操控，实践干预和契约义务。在侏儒童话中，名字对承载着的命运影响巨大，同样，从因果关系的意义上讲，童话思维建立在能指和所指的关系之上。

语言和世界之间有效的微循环反过来建立在假设之上，根据结构人类学家的说法，这些假设是典型的神话世界图景中的相似结构，是不断从事物、行为和客观领域之间寻找平衡和关系模式，从而在或近或远的亲密关系中建立一个完备的意义宇宙。

"通过类比，整个世界变得有意义，一切都有意义，一切都能在象征秩序中得到解释。在此象征秩序中，所有积极的已知事实都变成了神话的主题，充满了丰富的情节。"（Godelier，1977：213）然而神话的"社会学盔甲"指的是神学思维形式与古代社会形式之间的结构一致性，因此，亲密关系网为真实世界的社会结构和理想世界的虚幻结构都提供了组织模式。类比关联把自然秩序和社会秩序的"客观的"物质变成世界的象征，向我们呈现出单纯的幻象。这就是文化一样的自然分类和自然一样的文化分类起着非常重要的作用的原因。

> 把自然通过类比呈现给人们，原始观念将物的世界视为人的世界，认为事物间客观的和非目的性关系就是人与人之间的关系。同时，与之相反（且互补），原始观念把想象中的主观世界视作外在于人和思想的客观存在，一旦想要影响事物秩序时，就有可能也有必要进行交流。（ibid.，208）

结果就是双重幻象。对于人自己，思想赋予了虚构的事物之于人类的外在存在；对于世界，存在虚构的生命体，它们虽然和人类相似，但也优于人类，它们既能看到对自己的要求、需要和欲望有利的一面，也能看到不利的一面。此时，魔力获得不可或缺的、系统的可能性，以影响决定世界进程和事物秩序的人的意识和意志。

> 类似的思想构建出了理论和时间、信仰和魔法。至少，信仰是自然而然存在于理论形式（表征和解释世界）中的，也自然而然存在于实践形式（魔法和礼仪对现实的影响）中，从而产生了解释世界的方法（用虚构的方式）[①]。（ibid.，209）

名称如同堤坝，为原始思维所建立，以抵御复杂的且未被驯服的自然。在远古社会中，"名称的魔力"填平了人与物之间的危险鸿沟。命名有很多

---

① 在《交往行为理论》（*Theory of Communicative Action*，1991，vol.1）中，尤尔根·哈贝马斯利用戈德利尔（Godelier）介于神话和历史相互作用的结构理论对神话世界观和"理性"世界观的差异进行了解释，以上所述均来自后者的有力观点。

方式，但每一个（神的）名称也是想象世界的起源，世界缺少了这一名称后也将不可见了（Ruth Benedict）。^① 事实是，名称同时也暗示了一种实践形式，是体现出来的行为逻辑，和一种执着的对期望的期望，同时也是权利、义务和地位属性。这一事实建立在社群的系谱结构之上，是一种集体的命名癖。在争夺最显赫的名称的继承权时，会引发持续且痛苦的斗争。因为接受某一名称，和接受某一祖先，也意味着有权利（假设有权利）要求某些与传统相关的东西。因而用毋庸置疑的合法的方式，坚持相应的行为模式以及物质利益和符号利益。这样，语义距离使原始的社会差异保持永久，这种社会差异主要起因于馈赠与接受的实践，但通过将名称变成体制（作为体制化行为的背景），来将这一差异转换成一种等级秩序模式。亲属关系术语的家谱使用是服务于官方情景的（Bourdieu，1990：131），但名字和头衔属于官方概念语境，因此属于祭祀、政治和法律的范畴。

在亲属关系控制的远古社会的道德经济中，每一个名称都包含了一系列义务和权利，首先通过规划一种道德地位，然后根据亲疏关系，对认可要求分别定义。此时，对名字和称谓的第二命名法在组织处理上，尽管很好地统一于亲密关系的组织模式，但仍有所不同。这通常是一种属性、能力和权利的逻辑分类，它们起源于族群神话，随后归属于不同的成员。大部分情况下是通过某个人按照神话本身而分门别类。

有一个简单又能充分体现这一事实的例子，就是温内贝戈（Winnebago）部落的姓氏政策（*Radin the Winnebago Tribe* 引自 Mauss，1966：344—345）。

在我们的宗族中，每当小孩取名，都要由父亲负责。现在这一权利已经交给了我的哥哥。起初，造物主从天上派下四个人，当他们来到这片土地上时，所有发生在他们身上的事都用来编合适的名字，这是父亲告诉我们的。因为他们来自天上，因此根据这一事实发明出一个名字"来自上天"；因为他们像圣灵，所以我们有个名字是"通灵人"；他们来时，下着毛毛细雨，因此有了"行走在迷雾中""来到雾中""毛毛细雨"等名字。据说他们来到了湖里，偶然落在一个小灌木上，因此取名为"弄弯灌木"，又因为他们看到了橡树，就命名为"橡树"。因为我们

---

① 通过一种独特的方式，鲁思·本尼迪克特利用赫尔墨斯本身丰富的含义使其符号有形有体（Karl Kerenyi，1944）。

的祖先是和雷鸟一起来的，我们就有了"雷鸟"这个名字。有的动物可以产生雷，我们就有了"它产生了雷"。与之相似，我们还有迈着"有力的步伐""他的力量把地球摇下来""乘着风和冰雹而来""每个方向都有光亮""只一道闪电""一道闪电""漫步云端""长着长长的翅膀的人""攻击树"，等的名字。

现在雷鸟伴随着电闪雷鸣一起到来，大地万物、动物、植物，一切的一切都被雨水淹没了。可怕的电闪雷鸣响彻大地，所有这些产生了一个名字，就是我的名字——猛烈的雷声。

命名法复制并巩固了整个世界，它作为永久的存在萦绕在每代人身边，它的存在通过个体名称即位格得以确保。命名法的特点是个性化的"第一种"形式（最后，至关重要的还有个人的分配、个人的权利和义务、地位和特权，还有早期社会与名字相关的和"真实"的实例之间的灵活表达也大量运用到控制策略之中）。但人的角色，因其社会继承属性和能力，也非常重要，这些属性的表征决定社群的幸福。在这一层面的神话世界图景中，一个进入多价名称的符号剩余的个人，他非凡的能力已经不再（也从来没有），是最初的神秘属性通过命名，把品质和能力加在个体之上。名称是神话稳固的准则，并为社会存在所必需的框架提供了合法的因此有能力的执行者。名称不只是空洞的声音，它可以保障和传承古老社会达到的最低程度的文明。同时，名称也起着可感媒介的作用，以便人们可以理解、掌握或用某种方式保护其他人（以及地位更优越的人）。

名称分配和食物分配之间的相互作用在经典的夸富宴中出现的次数要比在温尼贝格部落中出现的多。他们的命名法呈现出对单一主体的无限多样性。"Pola"一词，意指"使满足"，最初的意思不常涉及夸富宴和有影响的节日大餐。① 因此，（如莫斯曾略微提到的）食物的分配至少从理论上组成了夸富宴的基本参照（1990：13—14）。"Polas"表示盛宴的组织者和人们饱足的地方；"Kwakiutl"是一个集合名词，意指"富有的"。把"polas"当作重要的名称，因此，首领的等级名称与令人尊敬的夸父宴的意义逻辑和范围相对应。"Maxwa"是由所有首领一致决定的盛大的部落间聚会，在此

① 下列术语说明图例来自马瑟·莫斯（Marcel Mauss, 1990）的记录，在这份记录中，莫斯介绍了法兰兹·鲍亚士（Franz Boas）的民族志研究，本尼迪克特（1935：201f.）绘制的图例表达了赠予头衔、阶级和行动计划的含义，它涉及了西北海岸印第安人中存在的首领头衔的传递。

期间，形成了命名法的高潮。该命名法围绕自己组织的其他称谓：邀请者、食物提供者、财富生产者还有财富很少的人。尽管"kwakiutl"的事例仍基于原始神话，但其属性模式在本质上显得更为普遍。

"付出就是拥有"，给得越多，地位越高。——这是马林诺夫斯基描写的特罗布恩群岛（Trobiand Islands）上的政治经济。它定义了道德地位。当它扮演划分策略者的角色时，我们可以在另一个截然不同的文化中反复发现。声誉和名誉、地位和特权等一切文化发明物，其中语义距离属于个人属性，指的是馈赠实践，因为食物是第一种必须和别人分享的东西，从实物分配到名称命名，从物质基础到符号表述的过程通常都是持续且短暂的。一方面，我们发现与食物有关的属性，如肉类分配者（Meat-distributor）或者德国北部的面包服务者（Bread server）。"lord"（英国最高贵的贵族）一词能回溯到类似的词根，如："Bread-keeper"（面包守护者），"Bread-server"（面包服务员），或"Bread-protector"（面包保护者），而"lady"原意为面包机（Bread-kneader）。[①] 另一方面，早已超越了物质层面的符号表达和个人属性，只命名那些由分配主权的特征，打个比方，这些特征都凝结成了荣誉头衔。慷慨的"无偿馈赠者"（Freigebige），这一广为流传的印欧名称，也源自这里，同样，那些有关等级制度的集合名词也并非建立在馈赠义务的基础上，而是建立在接受权利的基础上。举个例子，"Vornehme"（绅衿）意指那些优先获得食物的人，或"Princeps"（第一的），意思为"最值得信赖的"，意指那些能够表现为"首先抓取"（primus capiens）的人。

我们在《启蒙辩证法》一书中所读到的关于神秘力量的名字，"简直是种僵冷的笑声，这在当下的绰号中十分明显——唯一一种保留了姓名赠予名的原始行为特点的事物"（Horkheimer and Adorno，1979：77）。[②] 当然，它们也是凌驾于所有令人目瞪口呆的行为之上的一种刻板的餐桌礼仪。姓名是

---

① 参考对象并非只是食物，尽管人们假设食物是参考对象的主要内容。"戒指破坏者"是德国北部的一个典型荣誉称号，它来源于打破金戒指，将破碎的部分作为礼物（Laum，1960：30）。

② 《启蒙辩证法》（The Dialectic of Enlightenment）中，名声可通过命名将笑声的两种含义（权力的象征、失去权力的象征）结合在一起，这在赫尔穆特·普莱斯纳（Helmuth Plessner）的人类学著作中已得到了清楚的解释。在笑声中，"人类解答了多重意义中无法解答的问题"（Mehrsinnigkeit）。因此，人类对此做出回应，认识了至关重要的、心灵上的、有关存在的非理性（Wider-sinnige）……而这些回应既表现出了自作主张，又表现出了自我放弃。笑声使他屈服于自己的身体，从而宣布了它与身体的统一性或驾驭性。通过这种身心统一的协定，人类才将自己称作人。（Plessner，1970：153）

分配的象形文字。伴随着与物品相关的命名以及由分配推测而来并凝结为荣誉头衔的特征，我们由此发现了直接由聚餐社群仪式引申而来的第三类抽象关系概念。"Gilde"（公会）或"Guild"（协会）——祭祀、报答和惩罚协会——意为"兄弟会"，依照"英雄时代常见的祭祀盛宴"（Kluge and Götze，1951：267）。"Genosse"（同志、同事）或"Comrade"（同志）——来自中古高地德语的"Genoze"，古高地德语的"Ginozo"——意指与他人一样拥有财产的人。哥特形式的"gahlaiba"，源自"hlaifs"（面包），保留了人们共同"享受"的记忆。"Compania"（伙伴）意指和他人分享面包的社群成员。无论"Mal"——来自祭祀或祭祀盛宴或公共聚集的古高德术语——直接进入了表示配偶的词语当中，"Gemahl"和"Gemahlin"——这些词汇仍旧存在争议。近代词源学涉及了词根"me"（自我）、"Messen"（测量、估量或定时），并将"Mahl"（供应）释义为"在固定时间用餐"。但在上下文中，人们认为"imessen"并未指时间承诺，而指分配承诺——意为"配给"食物——似乎十分合理（Laum，1960：289）。

这些评论（直观而零散地）勾勒出十分单一的同义场，其中种系的发展围绕着进餐。食物的获取、分配和摄入的仪式化引起了背景语境化，而它转而有助于将自我弃绝和自作主张的矛盾演变成了一种稳定而且平衡的运动。引起符号世界凝聚力的内在联系使得人类餐桌陈设的同源性在最为偏僻的文化客体化中变得清晰可见。然而，对分配的关注不应过于排他，以至让我们忘记语义学和身体学间的相互影响的重要性。在所有用餐的身体实践当中——咀嚼、吞咽、消化以及排泄——它们以特定的文化形式产生了"补充"符号秩序类型的"物质材料"。① 假想体的建构，即社会有机体建构、包容和排斥过程、欲望和否定的社会道德分类、嫌恶以及禁忌、异性恐惧症和消除，都与身体过程十分契合，以至于人们难免质疑，认为在最为基本的符号形式中，这些过程仅仅是对人类身体构成的反映。当然，想要衡量其可

---

① 埃利亚斯·卡内蒂（Elias Canetti）为了明确了解权利最为关键而又最隐蔽的过程，对自我意识、文化客观化以及物质性的关联进行了调查、整合与消化。"人们只注意到了权利在台前制定的上千种把戏，但这只是冰山一角。而在幕后的长年累月里，它则是一个不断的消化过程。人们捕获外之物，刨根究底，使它并入自身，融为一体。人类依赖这一过程而生，同生共死。人类一直都明白这个道理。但显而易见的是，这一过程的所有阶段（不仅仅是意识和半意识阶段），都必须在灵魂中有所呼应。"（Canetti，1984：246）

能达到的范围又是另一回事了。

如果我们回到命名研究，会在以食物为中心的语义场中找到一种十分特别的关系公式起源。由于它穿梭于吃和被吃的两极化区域之间，这一语义场逐渐上升，体现在了宴会（Gast-Mahl）的"普遍"现象当中，这是人类历史上首次出现的和平制度。殷勤待客（Gast-Freundschaft）延缓了规范性认可的类别模式，拨开了亲情伦理的迷雾，供人一觑，开启了完整的他者（现在是"陌生人"和"客人"）视野，并找到了相关法律（由于完全神话的地位并非在他处，而是在符号秩序的中心）。

然而，在宾客场景（guest situation）构建之前，在相互作用类型模式由矛盾变为友善、宾客（Gast Freund）踏上文化阶段之前，宾客（Gast）的早期形式已经经历了最为多变的激情戏剧状态。实践话语被聚焦和压缩在了殷勤待客的语义学中，祭品和礼物、馈赠和接受、杀戮和用餐、神圣的话语和世俗的话语通过这种方式，使得原因和结果开始以因果的方式运行，而其目的在于唤起几乎发展完备的系统。

人们可能认为，相比于馈赠人类学的完备缩影，宾客史钻研的既不算多，但也不算少。宾客（Gast）——来自哥特语"gasts"，古高地德语"gast""kast"，盎格鲁－撒克逊语"gäst""giest"，古英语"gest""guest"，北欧语"gestr"，挪威语"gjest"——与拉丁语"hostis"（敌人）有着必然联系，并能追溯到梵文中的"ghas"（意为"进食"）一词。根据雅各布·格里姆有些前卫的语源学理论，将"Gast"理解为"迎合对象"（Bekostigter）最不为过，其词根主要指消费、忍受和毁灭。"如果'ghas'所言确凿，那么我只能在有关含义中得出一种可能性，'hostis'和'gast'原意为陌生人。依据是仍在萨迦传说中存在的重要习俗，这里所指的"陌生人"被视为神灵的敌人，而用于祭祀，但他也同所有的血祭一样，作为圣餐（即 hostia humana）供祭祀者消费，而'hostis'（敌人）和'hostia'（主人）间的一致性也可能对这一设想起到良好的支撑作用。此外，'hostire'（杀戮和赎罪），'hostimentum'（赎罪方式）在祭祀关系中更易理解……"（Grimm and Grimm，1862：1454）

假设所有的这一切推理出现了问题，那么宾客情景又是如何而来的呢？外来人（O xenos），陌生人，敌人和客人——是否为使其运转的"调解"凶手？是否迫使符号逆转，并使想象的杀戮在关键时刻与其他想象的极端实践联系在了一起（此时主人和客人失去了自身储备）？

　　这些关系仍旧十分矛盾。客人即为陌生人，但敌人却是客人外在的基本形式，注定被排斥——这意味着死亡。当然，与此同时，客人的外在即为宴会的场合，宴会的举办是为了纪念客人，除此之外，还扩大到了祭祀纪念品。在祭献（Sacrificium）中，这一实践作用于制造圣物，于是产生了变化，威胁社群的陌生人消失了，而他的肉体却化作了吸纳社区物质的特殊形式。在其被供养之前，就已消耗殆尽；在为他腾出餐位时，他就已被人们分食一空。因此可以说，"屠杀陌生人以获取食物"，是对关系式的第一种（想象的？）表达，对此词源学提供了证据。当然，我们对它的理解限制在雅各布·布尔克哈德（Jacob Burckhard）的评论当中，他认为这是很多"传说"的其中一个。这些传说曾经无处不在。① 排斥通过合并在两极之间建立了悖论性的联系，因为其意指内容被排斥对象完全包含，通过公共消费，他们变得亲密无间。然而，这种矛盾是反转和逆转的运作方法，在宾客情景的构造中经受住了考验，这些并入的材料奋力推动新的排斥，并激发了二级排除。客人变得"不可侵犯"，而殷勤待客则成了一项"神圣的义务"。

　　根据民族志话语，陌生人的出现，让当地社群间产生仪式防御机制的存在的挑衅（与此同时，还迫使陌生人接受遵奉者"见习"），这种情况几乎在世界各地都存在。这里可能会有对勇气等方面的测试，或者用基于神话的知识来进行极为仪式化的形式互动。无论如何，人们为非常规形式的遭遇创造了空间，人们一旦使用这种形式，就会以系统地否定初始状况（其本意是为了避免危险的出现）为终结。在某些因纽特人部落中，宾客的出现意味着庆典和对抗的场景，与胜利者杀死略逊于他的对手相关。自从社会认可的阶级结构通过外在优势即陌生人发挥作用时——如果陌生人通过了测试——即为其在此社群中推崇自己创造了框架。但如果陌生人未能通过测试，那么一种不同的整合模式就会登台亮相。因为杀戮对手的权利会被悬置和取消，这一行为支持了当下对胜利者实行保护主义的观点（Pitt-Rivers，1977：98）。

　　宾客标志着意义系统的空白空间，它是一种符号零值，在此当中同一性

---

　　① 爱弥尔·本伍尼斯特（Emile Benveniste），在对印欧语系机制的经典研究中得出了结论，认为拉丁词"hostis"（主人）原本就包含了通过同等化得到的平等思想，"hostire"则与"aequare"（弥补或补偿）对应，而整个概念与"hostis"本身都指勤待客的契约规则。"Hostis"相当于哥特王朝中的"gasts"（恐吓），其原意为陌生人或客人。"敌人"的传统意义似乎只有当部落间的敌对关系消解（作为政治动机界定策略的结果）后才会出现。拉丁语"hospes"是新词，意指"客人"（Benveniste，1973：75ff.）。即便如此，待客制度中老套的先决条件仍然让人捉摸不透。为何人们到目前为止还未集中在祭祀思想上？人们又是否应该集中在祭祀思想上呢？

思想有着走火入魔的危险，因为人们都知道任何试图建立身份的行为都会失败。陌生人或富有或贫穷，或高贵或卑微，或为大师或为骗子，总而言之，他身负差异，仅仅为陌生人或者他者。因此，"分离"仍然是鉴别身份的唯一（高度形式化的）公式，这一公式是为着不叛变、不承诺并最终赠送一切而设立的。

尤利乌斯·恺撒（Julius Caesar）在有关高卢之战的书中曾提到，德国人"将敌人看得非常神圣"（VI，23），塔西佗（Tacitus）也在食宿规则中对此进行了特别强调。

> 没有哪个名门望族比德国人更沉醉于宴会和娱乐。它被人们当作一种使所有男人离开家门的罪过。主人竭尽全力，热情地用自己最好的食物招待客人。尽兴之后，主人又承担了另一个新的角色，陪伴客人到最近的屋子得到更加热情的款待。对于不请自来的客人，主人同样热情地款待。只要关系到热情待客的权利，主人对待熟人和陌生人就会如出一辙。客人离开时，满足客人要求是一项习俗；而主人，犹豫再三，也会向客人要求回赠一件礼物。他们乐于接受礼物，但却不期望对方回赠的礼物，并自觉没有接受礼物的义务。（Germania，23）

从广泛的文化实践提取出来的案例中——日耳曼案例是唯一一个（在典型的情况下）恰当的例子——宾客的社会建构依赖于一个理想的经典模式，它是一种完美的通用方法。单一形式的交互作用中总是存在礼物、节日、祭品、奢侈、慷慨、神化和神明世俗化，它们汇集在一起，馈赠与接受为必然构成因素，但各不相同。最初，坚定的命名使宾客变成了宾客，而这只会突出其系统标准，在这一标准中，确保身份对立面的一切当前关系都被暂时悬置。

宾客的出现标志着一项根本性的突破，打破了古代社会所看重的亲属关系或随从关系等，古代世界的向心建构并不会因此土崩瓦解。从结构形成上讲（从这个意义上来说），很令人惊讶的是，来自未知的和未被认可的世界（即部分规范—检验领域，在这一领域中亲情伦理总是保留了消极的互惠）的他者能够承担一种职务，这一职务并非是平衡互惠危险的边缘，而正好是社群的道德中心。在这个礼物能产生出抚慰和联盟力量的地方，陌生人并不在此；但在一般性互惠决定社群内在视角的地方，陌生人"不在家，却胜似在家"。在这里，他发现自己处于这样一种处境——他的所作所为皆不明确，他享受着高度仿真的亲属关系地位，拥有无法恢复的非凡的权利，并完全从他原来地位的义务中脱离。尽管宾客情景仿效了"亲密的"亲属关系，其主要特征仍在于它不断地超越亲情伦理规范，并将广义互惠推动至外层界限。"所有事物——或几乎所有事物——都不求回报"可能成为交换以及关系的准则，这一关系十分矛盾，"不确定"在语义空缺中得以构造。

即便奢侈性支出和非生产性支出就摆在眼前，我们也很难将殷勤好客理解为夸富宴的"弱化形式"（Benveniste, 1973：77）。至少，在签署殷勤好客的合同规则之前，第二个关键步骤，即挑战、应对和胜出的辩证法在宾客情景的行为逻辑中缺席。那些来去匆匆的旅行者并未做出任何回应。[①] 正是他的"存在"使他心生愧疚，而实际上他对任何事都问心无愧。即使是平等和平衡（失去他们，世间也不会出现地位竞争）在这里也只扮演普通角色。诚然，严格不对称的资源和不平衡的角色属性是宾客情景的决定性特征。在必须将不确定性结构化的空间当中，命名是如何达到目的，又是如何浓缩成稳定和预期的期望的呢？

广受争议的是，语义空缺来自于这样一个事实，将宾客的表现暂时搁置一旁，保证身份的因素来自于当前一切几近无效的对立关系。随着他者的人格化，宾客解除了古代交换的规则，策略和估算也变得一文不值。不管是亲戚还是朋友，他者的出现都改变了社群的符号框架，成员资格和临时整合必须被再次提炼，并又一次用符号表现。由于他者在社群的功能分配和劳动分配上没有任何意义，在这一背景下出现的身份命名也逐渐消失。最初，他者的行为也迅速撤销了常被用于处理陌生人的冲突和对立的模式。简言之，"宾客"是种系统不确定的"角色"概念，它在"宾客情景"中获得了永恒不变的制度精髓。

这一对应宾客不确定特征的不确定性几近狂躁地挑战了人们的想象力，所以人们提出了一个全新而又自负的命名尝试。由于同一性思想无法容忍任何空想主义，因此当下所有事物都具有否定两级间差异并试图用意义填补符号空白的威胁。故而，理论与实践、宗教保护性构建以及"无条件的"礼物，都各自发挥着自己的作用。

---

① 格奥尔格·齐美尔（Georg Simmel）运用术语"储备""灵活思维""客观性"以及"抽象关系"，对"随遇而安的"陌生人和当地主人之间的交互形式进行了描绘（Simmel, 1964：402f.）。相比之下，由于宾客情景设定、制度化和废除时间限制使得超越现状（不能回到现状）的体验成为可能，其临时结构似乎更加的苛刻、危险。

许多文化中都存在上帝扮成乞丐和陌生人四处流浪的现象，以考验人们的正义感。奥丁（Odin）化身为流浪汉，宙斯（Zeus）以及赫尔墨斯（Hermes）则出现了在了蛮荒之地：

> 他们注视着这一座座楼房，胸中充满了期望。然而，所有的家庭都拒绝向他们提供帮助、关门闭户，只有一家除外。这户人家既拥挤又窄小，稻草为棚，芦苇为檐。……当这些天堂的来客踏入这块巴掌大的房子，束手束脚地穿过低矮的大门时，屋中的老人热情地邀请他们安坐于早已准备好的地方。博西斯（Baucis），勤勉劳作的主人，将一块粗布放在上面，抹了抹灶台上温热的尘灰。（Ovid, *Metamorphosees* 9，630f.）

这个贫穷的家庭倾尽所有，为这些陌生来客准备了一顿家常便饭。在故事的最后，腓利门（Philemon）和博西斯认出了这些客人的身份。"是的，我们是神，你那些吝啬的邻居如此恶劣，他们应受到应有的惩罚。"（ibid.，8，688）当大地陷入一片汪洋时，神灵满足了这对老人的愿望。不久之后，在基督教时代，耶稣和彼得接管了同一个地方。在这个地方，邻舍的好客和关爱在基督教道德价值等级制度中变得至高无上（我们将在最后的审判日中看出）。因为当人子（即耶稣基督）审判民众是去天堂还是地狱、永生还是永不超生时，他所做的决定取决于人们是否践礼了食宿规则（Mat. 25，31f.）。

正如上述案例一样，即便这些天上的来客被人们认出来，一种符号零值代替另一种符号零值，人们对无法克服的差异体验仍是这场遭遇的核心所在。在其中，绝对亲密和无限疏远，精神的归属感和严苛的他者性，在人们认出上帝的那一刻便得到了肯定。不确定性将神灵与陌生人联系在了一起，尊敬来客和主人，同源关系建立在围绕他者（Other）的神秘感的基础上。在这里，内涵和意义引来了神灵，但宾客情景的操作视世俗程度而定。这就是为什么拆除界限的围栏以及不均匀性入侵世俗世界的想法只能成为一种期盼。用这种方式建立的关系，只是为了被取消。

偶然发生而又极其重要的是，陌生人的神化（最终对宾客的神化）扩大了而非填满了这一空白。这并不是因为这种神化产生的可能性不重要，而是因为当下道德思想开始在世俗世界中广泛传播，这一现象激发了对他者以及完全不同的生命的暂时且有限的认识。同一思想的惰性得到了道德准则的纠正，而不可知的诅咒也转变成想要知道的英雄姿态，从阶级到美德，它们都都有着相似之处。询问宾客的姓名，询问宾客从哪儿来、到哪儿去会让人不悦，而这不只发生在阿拉伯世界。费阿克斯人（Phaeacians）在与奥德修斯（Odysseus）分离之际才提出问题；利西亚（Lycians）国王在盛情款待了一位陌生贵族9天后才试探消息；而在某些德国北部的部落中，人们认为打探客人的名字是无礼的。我们从塔西佗那里所回忆的食宿规则证明了熟人和陌生人间并不对立。

神圣化为宾客的"本质"给出了一个虚幻的解释，但并没有给出实际的定义，无条件馈赠最为紧要的目的在于以一种虚幻的行为改变这一"本质"。

宾客情景也是如此，食物是分享给陌生人首要的也是重要的物品。人们无法用语言来描绘出他者的另一个他者性，物质必须发挥作用。这样一来，在一顿共享的食物中，祭祀就能达到高潮并得出临时结论。

罗马人将这种用餐称为"共饮"（Con-vivum）——暂时"共同生活"，这一定义来源于单方面的馈赠以及公共消费。毫不意外的是，仪式行为以及合并的物质令人回想起了对死者祭祀这一古老形式。在历史长河中，人们同样发现，通过团聚、提供食物和饮品而成功地激发了涵盖所有代际的理想群体。葬礼上的用餐并非辟邪的仪式（Oexle, 1984: 406f.），其本意在于将死者带回社群，授予他一个"真实的"存在，即一种社会和法律地位——简而言之，使他出现在现实生活中。宴会构造了一种类似的符号秩序，在两个案例中都出现了宴会。伴随着歌舞饮食，改变了社交的法律层面，并将一个更为广义的社群搬上了舞台，在某种意义上，死者（或陌生人）以一种清晰明确的地位进入了社群。同样，宾客也保证了他在现实生活中的出席。在两个案例中，时间以及对时间的体验扮演了特殊的角色。只有通过转换时间结构，世界的同心结构才会出现裂缝，才能容许其他符号秩序以及对生命的另一种解释显示出自己的权威。死者和宾客必须来去匆匆，不能停留。情形的非常规性具有连续性而非延续性，相比于持久性而言，更适合于重复，这似乎是那些关系模式的起点（其标准内核总是表现出一定的无限性）。

宾客情景的其中一个明确特征是，受空间和时间的限制[①]；它既构成了恩惠时段（a period of grace），也构成了反转之处（a place of reversal）。在

---

① 对于时间与殷勤待客之间的相互作用，汉斯·迪特尔·巴尔（Hans Dieter Bahr, 1990）将"时间的礼物"描述为构建食宿规则的行为。时间和馈赠也起始于海德格尔的超自然"es gibt"（意为"有"）句的调查主题，这一"有"句由雅克·德里达（1993）发明，其目的在于使其理论走上互惠馈赠的非经济道德规范的正轨。

问候与道别之间，延伸出了一段充满热情好客和单边馈赠的时段，将局外人转变为了受人尊敬的宾客，还将那些只馈赠而无须回报的人转变为了只能被馈赠而无须刻意索取的人。一旦恩惠时段结束，主人和客人通常会重新回到各自原来的非社交轨道上去。空白消失了，宾客角色的不确定性被再次埋藏在看似安全的身份之下。当他人跨出操作门槛之时，人们的责任也就结束了。在家庭、集体或城邦范围以外，这些角色再一次消失于无形之中。在某些阿拉伯沙漠部落中，向族人甚至敌人提供食物和庇护是一种神圣的职责。但是，一旦他们离开主人的住所，一切就会回到原状，而低调地摆脱这一现状似乎是十分明智的选择。

　　在凯灵伽族（Kalingas）风俗中，他们通过一种奇特的变化，显示了殷勤待客定义的社会学空间的真实本质。当凯灵伽的客人为本地人时，主人有责任保护他在自身财产范围内的安全。如果客人受伤或被杀害，主人必须为他复仇。但如果客人是外国人，主人就有责任保护他在整个地区的安全，保护范围（在这一范围内，互补关系与地位的领土范围完全一致）不等。在互补关系发生破裂时，任何一方都不比另一方更具有权威性。

在此背景下，对于宾客情景的内部结构或行为逻辑，我们应该如何做出最佳描述呢？角色互补、不平等的地位、不平等的物质储备以及统治策略中的其他重要资源，它们都未成为相互认可的移情模式中最为有利的条件（至少初看之下）。然而，所有显示出这一差异的事物都为认可创造了可能性的条件，对完全不同的生物种群的二度认可也是如此。这里所涉及的并非礼物——宾客的礼物遵循了自身的逻辑（我们稍后将对这一点进行说明）——而是一种基础。对食物和饮品完全无条件的馈赠，出现在仪式聚餐的背景当中，它可能包含了主人所有的财产，甚至女人。而正是上述的一切规范了社会关系（即其固有意义包含在对任何平等性和平衡性的阻止当中）。

具有毁灭性的"模仿欲望"起着竞争和暴力的触发作用，在严格的互补关系受到仪式保证的情况下，模仿欲望失去支撑依据。该情景不允许任何以他人欲望为目标的欲望，主人和宾客关系被勒令禁止；那些试图在同一场合争取平等的人，将付出自身毁灭的代价。尽管"保护和顺从"的确属于宾客情景中的模式——主人总是发出命令，而宾客总是服从命令——优越感和自卑感的关系在构建情景或必备表达行为中却并不显著。相反，权利的差异

（无法通过归属感或地位掩盖）受制于反转过程，这一过程并不大鼓励否定作为对差异性经验的认可，至少长久以来并未出现这种案例。通过在仪式上平等分配荣誉和尊严，权威发展成为符号形式，仅仅通过展示的方式就清楚地表达了自己，除此之外，权威还夸大了服从命令（"宽限"的关键）的意愿。宾客被赠予他没有的事物，并被要求成为不是自己的自己——简而言之，他变成了一个践礼的物品，而这一物品总是为神灵及其世俗代表带来福利。

无条件馈赠是一方面，平等地无条件接受又是另一方面，它们激发了宾客情景的反向互补。策略内涵并未从馈赠的行为认知中消失，这一事实再一次指向了不断重复发生的认同失败的问题。现在，人们认为馈赠食物和饮品、提供庇护，给予关注和时间等行为（即构建他人身份以及弥合身体和意义之间的危险鸿沟）通过仪式化允诺出来，却在实际传达中失败。

我们并不清楚语法中是否真的隐藏着某些东西。但是，这种单边的、原始意义的残余中似乎真的存在着某种被人长期遗忘的古老行为。"Entgasten"（字面意思为"去宾客化"）曾经是开启宾客情景礼仪的名称，其含义在于"去除他人的陌生属性"。"去宾客化"并不仅仅意味着祝福的话语，或一杯待客饮料，它还意味着"从陌生人那儿……接待宾客或接过行装，并向他提供主人整洁、时尚的衣物，因此，客人在外表上不再是客人了"（Grimm and Grimm，1862：1463）。在这里，作为陌生人和作为宾客是相等的，众所周知，"佛靠金装，人靠衣装"，"去宾客"一词准确地描述了这一践礼的基本意图，即所有事物都能降低陌生人的陌生度。使陌生人具备这些方法，不是通过注册，而是将其"人格"的不确定性包裹起来，至少隐身或无法被认出。

宾客情景的阶段性场景主要发挥着传递矛盾的作用，对宾客外在的仪式洗礼和改变结束后，就轮到了填充内部这一步。随后一轮的饮品，标志着向畅所欲言过渡，这一过程是在交换经历中形成的。宾客赠礼——不同于当下的礼仪，它不是在宾客都到场之际送给主人的礼物，而是在宾客离别之际从主人那儿获得的礼物。这种礼物是在离别之际，是双方关系的物质基础、纪念品、祭品和礼物，以及一种对友谊的承诺和义务（Bahr，1994：157f.）。

通过馈赠，人们试图除掉他人的陌生感。然而，馈赠仍然是个矛盾的问题。所有试图把握宾客身份的尝试都建立在命名的基础上，这一尝试只能使人们对他人外在的重新认识成为可能，同样，这一尝试只能够再次在双重异化模式中进行体验。正如同一性思想在试图填补空白时，却遭遇无法消除的差异一样，这里的平等馈赠也无法为他人的身份提供一个明确的答案。因此，对平等馈赠的无意识的教化影响并非同一性，而是对差异性的尊重（respect）。这种由于保留了不均衡性而十分独特的认可模式，最终取决于这样一个事实——认可问题几乎被为荣誉而战的仪式性竞赛所取代，而他人承担的对自身标准的改造也被暂时解除。在荣誉和尊严的华盖下，存在着各种各样的宾客情景。

从概念上讲，荣誉大体上（Ehre）自上古时期就与宾客有了密切的关系（Grimm and Grimms，1962：1468）——这种联系在同义词"beehren"和"besuchen"（意为"通过拜访向某人表示尊敬"）中仍可豹窥一斑。如果人们认为礼物、祭品、财富、名誉与荣誉观有着亲密的词源联系，那么人们就能轻易地认识到符号领域的多因素决定性，而宾客情景就运行于其中。单方面的馈赠与接受代替了传统的馈赠道德，而互补原则代替了交换层面上（仅在这一层面上）的互惠原则。祭祀不可挽回地脱离了世俗范围，宾客情景则不同于祭祀，仍处于起步状态，它并非宗教崇拜的一部分，但在调节效应中仍然高度仪式化，并占据了很大的部分。即便受到非生产性支出的驱使，力量损耗演示的不仅与挑拨的竞争对手有关，还与尊重主题有关。当然，那些展现慷慨的人也并非与利己无关。即便如此，在荣誉领域中，自尊通过对他人的尊重获得了一种公共效应，最终这对双方都有利。主人尊敬客人，而客人也会对主人报以尊敬。家庭、宗族或者社群的荣誉在接待宾客时表现了出来，这种荣誉在宴会上的馈赠者和接收者之间变得切实有形。

荣誉的代码具有排他性。通过综合道德机制，人们受到教育，从而融入社群，与这种机制类似的是，荣誉的代码在族群的符号背景中对个人行为进行了典型的调节。作为集体身份神秘而神圣的核心表征，这些代码规定了受道德强制要求和仪式控制的行为，而在导致这种现象的原因中，相比于陌生人而言，来自自身和族群的因素占了多数。在被转变为客人后，表示敬意的践礼也因此专门留给了他。除了开怀的第三方以外，他还成了一个行动代表、理想价值的符号承载者以及媒介人物。在这些身份中，以及通过这些身份，集体身份得以展现和建立。他神圣的外表仅仅因为族群的神圣价值在他身上得到了展现，而正是因为这一外形给予了宾客角色独特的意义，还让他从交换关系和感恩义务中解脱出来。真正将主人与宾客联系起来的仅仅是他在表达辩证法中的地位。德语和其他语言中关于荣誉的语言表达式必须由馈赠与接受的词汇构建，而这种现象的发生绝非偶然。① 因为在宾客情景的背景下，馈赠和无须回报的接受的效果是相同的，它们使主人和宾客在必需的荣誉行为中变得很难区分。表达互惠——更准确地说是表情认可——主导了这场比赛，而这场比赛依赖于不平等的交换，并又一次将特性之光投在了一个虚幻的却仍受人追捧的观点上，在古代社会，互惠主义和礼物交换是对等的。当然，宾客情景的构造显示了为制造出如此众多互惠的可能性，单方面的承诺是何等必要。

一般性的单方面馈赠与接受，与表达行为、身体修辞以及从日常生活中移除的世俗世界仪式化祭祀用餐，引发了对立面虚构的统一性，同样也匆匆建造了一种特殊的、毫无层次的产物。

无论"他律"何时发挥作用，语言都看似毫无秩序。参照对象销声匿迹，而事物之间的分界线也变得模糊不清。那些"进行接待""表示尊重"或"使其名气大增"的人仅仅是某些更为无关痛痒的、自我参照的、他向的陈词滥调——没有比这更能准确描述他们的字眼了。

与对立面虚构的统一性，在形式完整的语言表述（只言片语便能完全使错综复杂的宾客关系结合在一起）中找到了行动者及其彼此矛盾的关系，"O xenos"，即陌生人和客人，以及"Gastfreund"，意为"主人"，或字面意思"客人、朋友"。

> 主人赠送并接受礼物，提供并接受服务，邀请并接受邀请；他既是主人，又是路人。举个例子，旅行者和宅居者，一个固定不动，一个四处行走，是客人，又是旅店老板；一个来自此地，一个来自他处——其他城市或国度。同样，主人也是客体。这在简单的物品交换中并不可见——但交换礼物不能改变这一称谓。主人是谁，谁馈赠，谁接受，谁是食客，谁是主人，谁拥有礼物，谁进行破坏，招待时对立从何而起，不回答这些问题是危险的……有这样一个词，它既表示主动，又表示被动；既表达欺侮，又表达恩惠；既意指憎恨，也意指仁慈，例如，这个词来自同一个人，它好比某人双脚起火，从雨中沮丧地走了出来一样，既冷又热。（Serres，1980：35f.）

---

① 见本伍尼斯特（Benvenoste，1973：334ff.）。在我的宾客情景类型构建中，我有意忽略了其社会学背景——鉴于来自荷马世界的案例——这一背景大多蕴含在古代王权当中。

就像这件事本身一样，语言表达模棱两可。欢乐的基本轮廓由认可失败和未被满足的好奇心所驱使，它在这里自相矛盾地出现，在语言中保留了矛盾的特征。宾客情景归属于人类状态（conditio humana）的核心，这不是因为它是一种调解模式（尽管它确实有这种作用），而是因为它为恩惠时段提供了一种权宜之计（modus vivendi）。不确定性保留了其结构原理，而它引申出了处理矛盾心理和潜在因素的方法——这可不是件小事。即便说客人的符号资本是借来的，也仅仅是族群给予他的一种"贷款"，而这笔"贷款"仍足以在仪式上稳固最大限度的互惠、尊敬和约束。最终，相互尊敬在不平等地位间进行了调解，建立了一套互补性角色，还确保了以通过表达行为实现的虚构平等这一形式下的符号平等。在恩惠期的约束条件下，这种现象同样不容小觑。

如果有人想把诺贝特·埃利亚斯（Norbert Elias）的文明理论（1994）拓展为古代社会的后期历史，宾客情景的构建无疑会提供帮助——随之提供的还有敬拜机制——这是行为改变和情感控制的良好启蒙。埃利亚斯本人对社会构建和人类情感构建中最初的相互作用很感兴趣，他将从中世纪晚期到现代的话语在日常形式中发生的改变，解释为一种从个人与他人身体中逐步脱离的过程，这种由于更大程度的相互作用而产生驱使的彼此依赖，导致了暴力垄断和对行为更为强烈的内部控制。人们想从古代社会的调控作用中寻找进一步越过羞愧和尴尬的路径，从外部强迫行为转变为内部强迫行为，并在本能控制和约束的基础上建立稳定的超我结构（埃利亚斯将其标记为现代文明进程的典型特征），这样做将是徒劳的。

回溯带给我们一种看待权利和情感问题的不同视角。显然，近代社会作为粗野侵略的天堂，遗忘了没有情感控制社群就难以生存这一事实，但同时也忽略了暴力地形。因此事实是，朋友和敌人是在亲情伦理的有效范围内得到准确定义的。肆无忌惮的攻击仍有可能在边缘地区上演，因为，鉴于来自于群体内部侵略的现有威胁受到仪式行为和外部禁忌的严格控制，群体间的冲突最初并未考虑用任何规范和制裁代替。古代社群内部的（相关）社会安宁与和陌生者的交易相比是大相径庭的。①

随着宾客情景的营造，基本的暴力协调系统至少被部分瓦解。祭祀在社

---

①　与整个文明进程中暴力直线衰败的单一概念相反，应该指出的是对外来者侵略的释然仍旧为当今社会整合的关键机制之一（Honneth Joas，1980：122）。

交中确保的事物，现通过款待客人在社交之外实现了，礼物和祭品构成了客人和神灵。那些可能会愉快地接受无罪凌辱的陌生人转变成了本族理想价值观的代表人物，可亲可敬，很有节制，并给人礼仪的距离感。宾客情景十分依赖于祭祀符号意义和祭祀实践，它仍完全属于世俗范围，如今，宾客情景制定了新的行为标准，以应对他人及展现自身群体。

宾客情景处于一种完全过渡的位置，客人就是领土完整、由血统决定的归属形式的严格对立面，是对占有和继承土地的否定。稳定就是存在空间的一种典型特征，其中的来、去、留都是若干挑战。定居者总是给客旅者下定义，为恩惠期创造条件（其中群体主义驱使了攻击性情感的防御），还将新的期望转换为习惯，他们在憧憬中变得富有。而宾客总是服从命令，处于被纪念的宴会之中（宴会则对这场遭遇的仪式框架作出定义）。神灵和宾客保持了他者的地位，而其常规行为现在变成了一种社交礼仪而不再是肆无忌惮的侵略。

节日和客人同属彼此。总而言之，至少是因为第三方的真实或虚构的出席，而让节日成了文明化进程吊诡的滋生地。在第三方的监督下，族群勾勒出了一幅自我"反转"的画面。它将自身作为一种理想的社群来展现和体验，如今，这一社群从日常生活的压力和法律中解脱了出来，通过对第三方的客观化，成了一种追忆的、传统的社会现实。那些无须特别"文明的"事物需要应对社会"本质"（依存于边界标定和边界跨越、秩序和过度、挥霍和死亡之间的对立之中）。节日是一种突出的紧急阶段，在这一阶段中，愉悦是对被征服自然的一种报复。在快感中，人们拒绝思想、逃避文明。在古代社会，有一种场合可以使人们公开享受此种快感，那就是节日……"在节庆活动中，人们平素的困惑似乎也暂时消失。此时，世上所有的规则似乎都不存在，因此，任何行为在人们眼中都不为过。"（Horkheimer and Adorno，1973：105）罗杰·克洛依（Roger Callois）如是说，在节日中，人们可以抛开一切规矩的束缚，任意施展而不必受到责罚，因此，处于忘形和沉醉中的人们使节日一直以来都有失控的危险。然而与此同时，"节庆对禁忌的破坏"（Freud），被程式化仪式严格控制的超额和非生产性花费，都反过来指向了这一潜在规则。"对审美的践踏"① 使自身得到了最大程度的展现，到

---

① 让·鲍德里亚（Jean Baudrillard）以此为切入点进行了激烈的批判，在他的批判中，犯罪审美以符合我们的禁忌文化的方式描绘出了过度经历的伤痛。"类似于祭祀，原始节日与侵略无关，而与可逆性和周期性循环有关——这是唯一能结束禁忌壁垒的形式。"（Baudrillard，1976：242）需要补充的是，这种形式将通过理想的去背景化即刻对侵略定罪，直到它最后消失。

最后，禁忌不断重演，现有的图景不断得到强化。

节日理论要么过于强调节日的高尚性，要么强调节日的狂欢性，要么强调节日规则的稳定性，要么强调它反文明的无节制性。[①] 鉴于我们最基本的目的是要探讨馈赠和节日之间的渊源，那么，我们只需要考虑介于秩序和混乱之间的符号原则就够了。

首先，我们不要忘记，节庆活动与宴客活动有关。馈赠代表了一种从"祭祀节日"沿袭下来的特殊行为，然而与祭祀相比，这种行为在馈赠中显得更为世俗化。馈赠和节日之间的结构对应关系有如此多的巧合，因此，其中必蕴含玄机。

在宴客和节日的场合中，人们可以暂时不用理会平日的压力，"日常生活"可以暂放一边。在这两种场合中，我们都不得不面对一种门槛现象。这种现象使人们违反久经考验的符号秩序，而进入另一种直接体现等级和权威的符号秩序。无论是居民还是客旅，在这一门槛前都变成了另外一个人。他们作为客人（或祭品），进入了这种反转的情境——节日。只要还处于宴客或节日的场景中，他们这种由外在表现所引发的非常态的地位就会一直保持下去。

只有在这里——非常规的节日制度中，那些在常规价值观衡量下毫无意义的人才有了存在的价值，因为只有在这里，那些惯用的鉴别和区分人的方法不再有效。身份不再是个问题。节日特有的节奏使社会分化暂时失效，随之而来的是一个人与人之间没有区别、没有距离的系统。当然，在这个系统中，人们不再冷漠，而是被节日气氛深深地感染，并很快地融入其中。

节庆使人狂喜和沉醉，但是往往也因其丰富多彩的内容而花费巨大。可能并不是所有的节庆都能使人狂喜沉醉，不过几乎所有节庆的花费都是巨大的，因为只有斥巨资将节庆办得盛大才能突显主人翁精神，才能使节庆称之为节庆。在并不宽裕的平时，人们反对享乐。然而，在宴客或节庆中，人们对享乐时间在长度和维度上都持宽容态度。完全没有铺张和浪费的节庆是不存在的，但是，如若不是现实中宾客或想象中众神的存在，人们也就不会理所当然地进行铺张享乐了。

---

① 文化史中节日的多种形式显然阻碍了一切试图勾勒一般历史的野心。沃尔特·豪格和雷纳·瓦宁（Walter Haug and Rainer Warning, 1989）编著的"Colloquiumsband XIV der Arbeitsgruppe 'Poetik und Hermeneutik'"一卷对近期讨论进行了指导性概述。与尼采和巴塔耶有关的狄俄尼索斯（Dionysian）学派，见马费索利（Maffesoli, 1986）。

我们从宴客中看到的是一种社会融合，这种形式的社会融合与通过优胜劣汰的竞技比赛中所得到的认同有本质上的不同，莫斯和巴塔耶对于具有赠礼习俗的社会中的这种现象非常着迷。由于在宴客和节庆中巨大的浪费和无限的慷慨是两项非常重要的内容。因此，如果有人说，"宴客其实就是夸富宴，只不过是精简版的"，那么你想要反对他这种说法恐怕从一开始就不容易。暴力符号原则与夸富宴的形成有莫大的关系，因此，一旦意识到这种行为逻辑完全没有参照暴力符号原则，你会立即发现，这是一种典型的反向模型。如你所见，如果可能的话，礼物赠送意味着获得力量和额外的符号价值，同时也意味着在一段优越关系中失去优越性。财产争夺、舌战群雄中所经历的残酷斗争，以及礼尚往来和价格竞争中所经历的困境，所有这一切最终都会分出胜负。因为在这里，对于并非由权力策略激发的互惠认同形式，没有人会对之报以同情，所有这一切只是为了稳定由等级形式组成的社会不对称性。

馈赠有助于社会等级的维持与发展，而宴客活动则平衡了在实现过程中的表现形式。浪费与获利之间、非营利性支出与获得之间都呈辩证关系，这种辩证关系与其他形式的无条件慷慨相对立，无条件的慷慨看似否定人们有企图地看待事物功用性的做法，但这种否定本身就具有目的性。一个付出时不求索取的人，反过来在索取时，也不会考虑付出。在节庆中，人们会达到情感融合的关键节点，而这只是为了获得慰藉自身的满足感，为了让自己一帆风顺。

无论是主人或客人，具有最终话语权的人不再用失去某样东西的方法来获取力量，以构建自身的优势。实际上，通过失去某样东西来获取力量的做法在这里被削弱了。巴塔耶发现，政界的客套话也被运用到馈赠中，而现如今，这种表达难道没有以它原有的文明意义重现于宴客活动中吗？

马瑟·莫斯认为，古代的礼物互赠实际上是一个完整的服务系统。该系统有两种基本形式，即以联合为目的的馈赠和以竞赛为目的的夸富馈赠。当我们试图简单参照人类学中的"给予"来帮助解释礼物互赠，并进一步具体研究祭祀时，我们无意发现了社会交际和社会分配，而这种交际和分配并没有与古代礼物互赠现象有直接而理性的联系。

对于宴客结构来说尤其如此，因其内部逻辑似乎与当时的礼物互赠完全不同。通过赠馈礼物、接受礼物、礼物互赠这些馈赠的基本程序，礼物的内容渐渐扩展到了自然界。于是，人们开始捕猎、宰杀、分配，就这样，逐渐形成了社会交际中有差别的秩序雏形，随之形成的还有从属关系和团结关系。

随着宴客活动的出现，一种新的行为模式受到了人们的关注。在这种模式中，分配的动态循环暂时退出人们的生活，取而代之的是将互相酬答从基本的互赠模式中分离开来，从而简化为馈赠和接受的互补结构。

不断重复的"循环"逻辑被打破了。但是，在宴客活动中，一方的举动会促使另一方做出相应的举动。因此，人们看似从一种义务中得到了解脱，但同时又以一种方式进入了另一种义务模式。摆脱了符号暴力这一古代礼物互赠中的基本立场后，一种新型的、高要求的相互尊重和认可形式渐渐地进入了传统的亲属关系中。

无论是以联合为目的的馈赠，还是以竞赛为目的的馈赠，以劳动分工为基础的社会成员都会得到应有的尊重（也只有尊重），这种尊重与他在社群关系网中所扮演的角色相符，在这种情况下，他的个人价值与社会功能才达到了完全的契合。相比之下，这是宴客内涵的一部分，即客人被尊重是源于他本身的原因，而非其他。

由于实际上的"不可能"因素，一些完全无意义的事物就不会存在，因为没有可以依附的社会地位以及社会尊重。这是因为，既然礼物互赠或者地位评估决定了社会等级标准的制定，那么一个人就不可无偿得到别人的慷慨款待。恰恰相反，主人和客人之间的行为准则，一般指具有"仪式—招待"思维的团体的自然逻辑。在此逻辑中，从最初的无条件分享食物开始，那些诸如关心他人、团结他人的基本形式贯穿其中，可以称之为"自然"利他主义。然而这是有时间限制并且包含矛盾思想的——原始暴力的两面性蕴含其中。

在人类文明的进程中，宴客活动的出现具有里程碑式的意义，因为它在使人付出的同时，在无形中也有所收获，人们收获到的是亲属关系和联合关系的延续和维持。主客关系是一种社会关系，在人类发展史上，这是人们第一次用道德准则来获得互相认可，而不像以前那样将互相认可建立在从属和权力关系之上。实际上，由此而形成的道德合理化不一定具有同质效果，但是，它使人们在处理与他人的关系时有据可依，并且使人们接纳异质存在，而异质性是生存的保障。这一实际情况是包涵在古代社会中神奇的社会道德内涵的一部分。

关于宴乐和整理，有两方面不得不提。节庆和宴客都需要处理与第三方的关系，无论这个第三方是众神还是陌生人，他们都是一切交际的出发点——因为，在依照得体礼貌的准则用文字记录传承下来之前，这些都是从人类基本需求出发（与身体的感受直接相关）的集体享乐感和满足感。在这种"仪式—招待"模式中，人们的自我保护和享乐消费保持了原初的符号表达，自我保护通过分配准则实现了这种表达，而享乐消费通过教化和互动中的审美来表达。

在这里，人类学中的赠予并不仅仅是最初人类关系范式形成的主要出发点，而且是人们铺张行为形成的主要原因。把自己手中的礼物交到他人手上，为他人拿面包或其他食物（直到今天这种行为还常见于客人和恋人之间），把最好的食物"喂"给别人，把礼物揣在对方身上 ——所有这一系列馈赠与接受的过程都需要人与人之间互相接触，形成一瞬间的感官效果——身体上的服从和接受（Grimm，1865：176），这就给人们提供了消除距离的机会，进而能够进入他人的领域。

第三种形式的互动发生在生死攸关的斗争和性别融合的原始力量之间——这是一种亲密形式，这种形式的互动似乎已经消除了人们之间的距离，但实际上充满着人为因素和预设因素。这种形式的互动，首先是通过仪式层面，然后通过文化知识层面，最后到达最高层面——相互接受。在这种互动中，一个人对另一个人感兴趣并不是因为眼前这人是敌人或是亲属，而是仅仅将他视为除自己之外的另一个人。在馈赠与接受中，人们学会了互动，找到了人与人之间行动和反应的尺度，通过符号表述，人们知道了在交往中如何寻求平衡。

只有当表达行为摆脱功能性的束缚时，眼前这个人才可能以真面目相视，才能展现真正的自己，你对他的兴趣才会指引你做出全新的认识。宴客活动具有一个典型特征，那就是认知痛苦，这是人们意识到自身属于一个单一想象时的高傲情绪所造成的。尤其是当认知发生于地位不平等的人们之间时，认知表述可能只是结束关系的手段而已。但是考虑到互动的形式，这并不会使文明效应有一丝削弱。

由于在"原始心理"中，表达和被表达之间的差异并不十分重要，因此，语言和世界并非是相对立的，而是构成了同一个参考系。人反映事物，事物反映人，我们找不到第三种形态来同时反映这两方面。尺度实际上并非尺度，因为服从和接受这个环节，并非是有形与真实的问题，并非是物品贵重的问题，也并非是牛肉、椰子或香蕉的问题。

如果没有物质基础，没有实物，没有食物和水，任何事物都寸步难行。因为礼物是一种表达，也是力量的展现。通过展现这种力量，自我也得到了展现。有人对现实如此定义，设想存在于世的每一天，经历不断地渗透到人的生命中（Berger and Luckmann，1971：128）。也就是说，表现在很大程度上等同于被表现。

所有的盈余礼物和行为都被要求能够在有效表达的辅助下体现一段关系的性质和亲密程度，能够使这段关系与平日显得不同，而平日的寻常关系正是支撑着认同考虑的那股力量。那些礼物和姿态不仅能够保障人们参与同一种假想，并且能够将本就神圣的它从法外治权中传送出来，将其放入现实世界，使其在互动结构中发挥作用。优雅和狂欢即是这其中的一部分。

"纯粹"认知来源于一种行为，确切地说，这种行为的实施是以祭品和礼物的形式来实现的。祭品和礼物最初是为了人们之间相互联合，后来是为了保障个体的安全。互惠行为起初也主要是通过联合来实现自我保护，后来深层结构发生了改变，在实现联合目的的同时，主要用作协助表达和相互认可。工具主义理性的批评家们漏掉了这种进化中的细微差别，他们没有意识到，不再为生存发愁的人们表现出的兴趣能够起到什么样的作用。充满同情心而不是相互算计，团结而不是以自我为中心，在消费中感受快乐而不是担心失去，这些变化可能从历史的角度描述了人们在一个新的层次上的交往，这种交往很快在情感上、认知上渐渐融为一体。宴客活动以及民众交往形式都蕴含着这样的意义，而不再被自我保护的压力所干扰。然而非生产性花费（显然颠倒了）仍然在一定时间内保持着暴力性，在此基础上，无节制和铺张浪费反过来也消停了。自弃——可能导致一个人的损失甚至延伸到损害身体健康——也并不是在每种文化中都能够享受到高额保险费。这也是一种对于人类行为的道德评价模型，并且是一种极端的、非同一般的模式。在结果和兴趣方面，这种模式似乎出人意料地显得毫无意义和多余，直到今天也能够使接触的人们潸然泪下。① 当乔治·巴塔耶把人们在利用额外资源而非破坏（至少在有用的范围内）时得到的满足感定义为"宗教"时，这就无疑认同了非生产性消费和承受失去的能力属于所有集体道德的"神圣"核心。

即使有人反对"宴客活动最多只是巴塔耶内心一个并非很强烈的反映"这个观点，那么这个观点也不能被完全否认。因为，这仍然是一个不容否定

---

① 利他主义研究为跨越自我弃绝的界限提供了独特的案例，见亨特（Hunt，1992）。

的事实，环绕在宴客活动周围非同寻常的光环来源于"失去"的力量，而鲜明的认知痛苦来源于单一想象。在单一想象中，存在一个空灵的地方，在那里除了神圣，别无他物。人们不需要折返到老路上，去狂热地想象自己目睹祭典中产生的优雅与狂欢，以及紧随而来调节陌生人相遇的行为。这种狂热根源的影子不仅仅能在遵循严格规则和戒律的仪式中找到，在任何暗含在优雅行为的规范结构中也同样能找到。在优雅行为中，特定的个体被要求无论当面或背后都要相互给予注意和认可。在宴客活动中，人们把与众神的相处之道应用于人与人之间的相互交往。

德语动词"Schenken"（赠予）让我们想起了曾经存在于待客和祭祀之间的关系。这个德语词最初的意思是倾倒（斟、盛）东西来喝——换句话说，就是用斟酒的方式来祭奠神灵或欢迎来客。我们应该感激雅各布·格里姆，因为他孜孜不倦地试图将"Schenken"（赠予）这个词的含义追溯到"倾倒"这个动作上来，从而使之得到更深层次的解读，而雅各布所做的对于今天的我们来说也仍然非常受用。

> 为客人或穷人倾倒东西的传统一定是非常悠久而广为传播的，以至于"赠予"的一般含义（如果说不是被它取代）也深受其影响。对于今天的我们来说，"Schenken"一词的含义已经与"Geben"（交给）的含义相去甚远，这就像拉丁词"donare"（捐赠）与"dare"（给）的内涵已经大相径庭一样。看到"Schenken"和"Geschen"（德语词"礼物"），我们一般联想到的只是"捐赠"和"赠金"，而不再是它最初的"倾倒"的意思。(Grimm，1865：179)

格里姆认为，"Schenken"（＝Gieben）的最初含义可以作为"赠予"含义的历史依据，他认为我们热情好客的祖先将"给些东西喝"的含义演化成了"赠予"的抽象意义，而当他这样想时，他正在开始思想的历险（ibid.，205）。

无论将"赠予"追溯到"倾倒"这个动作的想法有多么吸引人，这一概念背后的基本含义仍然是"索取"——通过"取用"食物来索取，或者将"索取"和"取用"融合到可互换的境地来达到"索取"的目的。因为，如果我们将"索取"这个行为考虑在内的话，那么，"索取""接受"以及为了给予而"去除"，准确来说都属于原始"赠予"的概念范围。有一个事实可以证明这个观点，那就是在所有的印欧语系中，一切包含"给"之意（然

而，由于句子位置的问题，它也可能表达相反的意思）的词根，以及具有
"赠予""索取"意义的词都很大程度上不仅在意义上一致，并且在动作表达
的交互关系中也一致。在这些例子中，语言表达似乎保留了肢体动作的因
素，当然，语言表达是建立在肢体动作的基础之上的。正如"Einschenken"
（斟酒）、"Darreichen"（赠予）、"Zurinken"（示意）、"Nehmen"（接受）都
暗示着身体的弯曲、倾斜等动作倾向。简而言之，在仪式中，表达行为的意
义已经超出了它的实用功能。身体表现出来的尊敬（Ehre）——鞠躬，尊
重某些人（Verehren），尊重某个人（Ehren）——需要在身体上表现出来，
而表现形式往往是一样的，在这里，我们看到（梳理）了那些用动作和符号
来表达尊敬的行为倾向，这些行为倾向曾经与"赠予"和"索取"的实用性
相符。① 因此，"尊重"的表达方式似乎也能在"馈赠"的人类学解释中找
到根源。"倾倒"（德语的"斟酒"），给些东西喝，用酒欢迎来客，用高脚杯
干杯，这些做法时至今日仍然很普遍。将"赠予"（或是德语的"赠送"）的
原初意义展现给世人的社会学和语义学环境便是宴客活动。因此，将这些至
今仍普遍的现象作为狂欢的首要形式仍合情合理。通过狂欢，表达性行
为——互赠形成了，"尊重"的表达方式又接受了进一步考验。

　　从"Einschenken"（斟酒）到"Schenken"（赠予），再到最后主动"赠
予"（Darreichen）的意义变迁，这些不仅与社会化水平的演变有关，而且
与冒险而有趣的合作逻辑有关。在祭祀活动中，祭祀对象被杀戮或被毁灭，
这是人们对待祭品的内在逻辑。供给人们吃喝的食物一旦被消费，便不可能
再找回，而在祭祀中这种不可找回性并没有那么严重。啤酒一旦被倒出，被
喝掉，提供啤酒的人便永远失去了它。那就是为什么当人们想寻找一种方法
来表达免费赠予的行为，而这种想法变得强烈时，这种表达方式就变得越来
越普遍（Mayer，1898：22）。

　　在客人喝完酒之后，把喝酒用的高脚杯赠送给他，通过给客人喝的酒和
送给他的酒杯来表达对他的尊重，这种做法得到了越来越广泛的传播。至

----

　　① 手势、迎合、仪态是生物定向的行为倾向还是社会文化差异的产物？在文化语境中，其涵
义应被构建为一般的形式还是完全特殊的形式？相关争议在此无法得到解决。在任何情况下，旅行
者通过肢体语言取得的成功表明了他们在两个极端中的中立位置。众所周知，马瑟·莫斯（1966）
早已检验了身体技能的文化多样性。德斯蒙德·莫里斯（Desmond Morris）与其他人则承担了表述
欧洲地区某些重要手势的出现与分配的任务。见布雷默和罗森伯格（Bremmer and Roodenberg，
1991）的文化史研究。

此，我们就面临着一个决定性的问题，那就是文化沉淀和宴客活动的梳理。在安托尼（Antony）的宴会上，克利奥帕特拉（Cleopatra）把客人用的高脚杯作为礼物送给他们，由此来表达对客人的尊重，但是并非只有她一人有此做法。在告别的时候，柏勒洛丰（Bellerophon）把一个金质高脚杯作为礼物送给了俄纽斯（Oeneus）。这种做法是婚礼和节庆中的一种习俗，在德国有无数类似的例子。雅各布·格里姆写道："古代饮酒中的现象解释了高脚杯作为礼物的风尚，同时也证实，'倾倒'是表达'尊敬'与'代表尊敬的礼物'的最古老形式。"（1865：183）为了尊重这种符号形式，我们应该对现今仍存的奖杯和相关装饰品铭记于心，尤其是杯状的符号形式更应牢记。

把高脚杯作为礼物送给客人是以主客离别为特殊背景发生的。到了16世纪，主人偷偷地把一些金银放入客人的口袋成为一种习俗。主人这样做的结果就是，客人根本不知道发生了什么状况。但是，主人的这种做法是一种完全无企图的行为，因为主人从不会因此而收到客人的回赠。在宴客活动中的最后一种礼物，实际上也是唯一的礼物，获得了它自己的地位并且流行了一段时间。由于不能被合并，也不能用于其他形式的享乐，这种礼物对将离开的客人来说是一种负担；对于主人来说，这能确保他们显得仁慈，并能引人注意。从承诺和责任两方面来说，这种礼物无论在实际意义和符号意义上都超越了请别人吃东西和吃别人东西的层面，总而言之，它将传统意义中礼物的效用进行了重新部署。

在主人的前门，恩惠期已经结束，客人的礼物似乎就是为了激起某种期望，而这种期望与当时宴客活动的结构是相冲突的。一方面，主人和客人正在准备返回他们的符号世界；另一方面，主人试图通过礼物重启互赠模式。"馈赠"和"接受"的循环开始关闭，因为回赠这项责任，可以说，暂时恢复了活力。任何以此种方法赠送别人礼物的人，不仅是正在寻求尊重，而且是在寻求责任。那么，这种用单方赠予的方法来实现重复效果的做法，就不是偶然。因为礼物保留了宴客互动的魔力，它让这种特殊事件产生了危机感。如果礼物被回赠，那么夹杂着矛盾心理的游戏便结束了。规则、可预测性、惯例形成，这些是它所造成的影响。如今，契约关系出现在可以自发的会议中。

正如担负着"需要做些什么"的责任和享受着"不用管它"的自由时，心情有所不同，无私的热情好客和宴客活动的规则也有所不同。

《荷马史诗》中记载着一个故事，故事中热情好客这一规则的社会学意义变得非常清晰。书中记载，在特洛伊战争中，格劳科斯（Glaucus）和狄俄墨得斯（Diomedes）将对方视为敌人，并且想了解一些对方的情况。当他们发现他们的父辈都热情好客，并且因此而联合在一起时，他们对待对方的方式就彻底改变了。于是，他们都决定加长自己的武器，在战场上也尽量回避对方。然后，"让我们交换武器吧，让世人都看看，从我们的父辈开始，我们都多么以能成为对方的朋友为荣"。于是，他们进行交谈，跳下战车，紧紧握手，向世人宣布了他们的友谊（Iliad 6，230f.）。

诗人在注释中说明，以金质武器换青铜武器、以 100 头牛换 9 头牛是不公平的，但是这是经过他们父辈一致同意，而且要求他们认同并传承下去的。权力是世袭的，但是对于他们，要想扮演好首领的角色，获得自身的力量，关系中的基本行为——用礼物和祭品建立信任——必须被不断重复。

在古代，遵循热情好客的规则比维护团体利益还重要，有时甚至会导致人们忘记政治忠诚这一职责。因此，在《荷马史诗》中出现上述前所未闻的事件便不足为奇了。所以，单就这一规则的主要特点来说，它使人怀疑——如果不取代任何东西，一个人是否可以排除关系中的感情因素，并且将它变为一个赤裸裸的"建立在交换基础上的契约"（Benveniste，1973：81）？此外，这样一种理性主义的方法完全忽视了契约中的非契约前提，由此也就忽略了契约有效性的基础。没有谁能在热情好客的规则下或者在欢迎宴会中找到合理的契约。

在传统中，私人会面的不断重复和延续变成了占据人们心中的期望。在"殷勤招待"中，人们必须具备这样一种心理素质，即与情感投入和行为表现相比，矛盾心情和潜在冲突只能占动机结构中的一小部分。身处其中的人们，一旦开始使自己习惯这种宴客活动中的行为标准，那么他们就渐渐使自己的私人感觉与活动中相互尊重的任务联系起来，并开始认同和喜欢这种行为标准。这种对于他人有企图的兴趣由某一时间的会面引发，并且能够产生一系列的影响。因为角色在作为客人时的性格开始分解成一个已经不是陌生人的主人，这个陌生人也不再是客人。发展仍然和社会经济变化一致，并伴随着权力集中，直到最后在"中世纪的欲望"中，他们一面流向商业的热情好客，一面走向私下的欢愉。①

在荷马时代，热情好客已经是统治者宴席上定好的规矩，主要意味着——贵族权利。其他阶层的行为我们知之甚少。这一规则是遗传的——直到罗马帝国还在延续——任何一个能够拿出一点破旧钱币、戒指或高脚杯标志的人都足以被认出来。就算到了城邦年代，古代的热情好客的规则依然有力，"宾客友谊"，如字面意思所示，被视为高贵气质的证明和在政治、美德方面的有效公共展示——它是一种公民美德，色诺芬（Xenophon）将它看得比市民职责更重要，仅次于对上帝的献祭（Hiltbrunner，1983：8f.）。但长久以来，功能划分已经对热情好客做出了决定性的改变。比如，从公元4世纪开始，国家对陌生人的保护持续增强，在已有的商业客房之外，公共旅馆在市政府主持下（主要为了学者）成形，或者在当地宗教和商业组织的主导下设立。后者在希腊和罗马臭名昭著，被当成贼窝和妓院，除非想搞臭自己的名声，一个体面的公民是不会踏足半步的（Peyer，1987：13）。这种规避行为是一个自然的道德问题，更是社会和符号资本问题，侵权无异于同意不拥有任何私人关系，不再将主人放到与自己相应的地位。只有外邦人和外国人才会做沾满铜臭的主人，柏拉图说，如果市民堕落到靠提供服务来得到回报，就应该被关起来（Hiltbrunner，1983：8）。

慷慨的理想、完全为他人利益着想的非目的性招待开始消逝，不仅是因为从事招待的人数激增，陌生人——曾经的受益人，那时是客人——有浪费的嫌疑。客人拥有和远亲、近邻、朋友或熟人平等的地位。曾经被色诺芬、柏拉图、佩特罗尼乌斯或其他传道人提到的庆祝宴会已不再为途经的旅人举行了，只在相互认识的人之间才会举办。这样的宴会并没有建立社区，但申明了其中的规则。他们预设了由客人一方首先发起的关系。在希腊和罗马世界，招待已经被提升为"上流社会"的一个显著特征，而"普通"游客，此时如出现在这种招待场合，主要是作为朝圣者或商人，他们身份独立，大部分是客人关系中的一种受限形式。

古代社会就有朝圣者，但直到基督教出现才成为一种特殊生活形式。外乡人（Peregrinus）不再指来自异地的人，而变成了朝圣者，这是中世纪旅行者的一个缩影（Szabo，1983：62；Schmugge，1983）。从保罗书信开始

---

① 有关殷勤待客和客房设立的切实调查可查阅汉斯·康拉德·佩耶（Hans Conrad Peyer，1987），这些研究材料在很大程度上奠定了我的研究基础。

的基督教文学并不仅仅保留了无偿招待客人的想法[1]，它还试图将之立为普遍规范。除了社区中的主教、执事和寡妇，每个基督徒都有责任遵循基督的回礼，帮助客旅和需要帮助的人。伴随着迫害的结束，为外出的信众提供住宿的救济院和收容所从东方扩散至意大利和高卢境内，遍布欧洲每个有基督教脚印的地方。除了免费食宿，他们的任务还包括照顾孤老病残。

　　修道院，至少在他们自己看来，是有意成为坚固而古老的待客礼仪的中心的。本笃会规（Rule of Benedict）规定："所有来客，都应被视为基督徒；因为总有一天他会说：'我是你们接待过的客人。'向他们展示他们应受的礼遇，特别是教友和朝圣者。"这些条文细化到谁该如何接待和让谁喜乐，但是就连他们自己也无法建立最受欢迎的接待理念（Schuler，1983:）。很快，社会差别变成了成形的不平等阶层关系，穷人和富人、平民和当权者之间的对立变成了穷富的划分，并对修道院招待结构起到决定性作用。有了更广泛的限制来严格划分宾客，将穷人和异族、富人和权贵分开，前者只能得到绝对必需的东西，而后者则越来越多地受到统治者的传统礼遇。恩惠期也减短了——发展呈几何增长，有这样的说法——"一待就是三天的客人是个负担"，或"三天之后还不走的客人和餐桌上的鱼一样臭"。在修道院里，客人可以看见拴在客房门上用拉丁文写的这些话。还有一个有趣的习俗，院长们会和他们尊贵的客人斗剑，他们中有人向尊贵的客人解释说，就算是领主也会很小心地避免在天堂里待上三天；还有人对访客（操着德国腔）说不能在他们提供的住所内排便或呕吐（Grimm and Grimm，1862：1467），这无疑会遭到被迫停留的贵族们无休止的批评。

　　上层阶级对修道院（讨厌一切无偿招待客人的传统规范）的接纳程度较低，他们分裂和对抗的方式很简单。

　　　　虽然西奥多夫（Theodulf）主教在公元 8 世纪晚期，很谨慎地不以充足的招待获取任何奖励，但其继承者沃尔特（Walter，877）认为，如果客人自己提出要什么东西倒是可以例外，如果牧师太穷无法给旅行者提供充足的招待，那么他至少应该接纳他们，为他们提供衣食住行所

---

[1]　保罗（2 Cor. 11.23f）对那时戏剧和旅行的危险性进行了生动形象的描述："我（曾）被非法拘留，受到无数的鞭笞，并常常处于死亡的边缘。我曾被犹太人鞭打五次，每次四十，减去一下；被棍打了三次；被石头打了一次；遇着船坏了三次，一昼一夜在深海里。又屡次行远路，遭遇江河的危险、盗贼的危险、同族的危险、外邦人的危险、城里的危险、旷野的危险、海中的危险、假弟兄的危险。"

必需的东西。(Peyer，1987：41)

只有在这种情景下，牧师的接待才能展示出长久以来对待旅客的基本合法性原则。也就是说，必须提供给朝圣者们必需品，包括住所和明火，但饮食不能免费提供，而拒绝提供普通膳食则表明了"普通的"客人生活。尽管这种不含膳食的有限接待看上去会毁掉宾客地位的价值根基，但这种（双刃剑式的）接待也蕴含了一种文明化的因素，并合法地排除了不速之客白吃白喝的行为。旅客们虽然有公民的合法身份，但这一身份却在很大程度上中和了主客之间的传统关系。一人的权利是另一方的职责，当地长官的司法和行政权力都受到尊重。不断地来来往往——长官与随从，商人与朝圣者，上诉者、邮差、工匠，还有难民与流浪汉——让曾经贵为仪式的职责疲惫不堪。货币利息登场，社会调控系统变得更加严格。我们需要分清哪些是朝圣者，哪些是难民，任何一个故意为小偷提供住宿的人都被视为同犯，还有那些令人生厌的旅客们，若他们不支付必要的花费，就很可能受到惩罚。

随着都市货币经济和远程交易的拓展，商务型宾馆在昔日的朝圣之路沿途而立，紧接着档次悬殊（判断方式往往值得怀疑）的客栈、酒吧以及招待所遍布所有大型城镇和主要地区。[①] 我们相信伊拉斯谟（Erasmus）的报告，报告说宾馆的条件，在两个世纪之后也没有什么显著的改善，至少德国的宾馆条件是这样的（1947：27f.）。不过，商业化促进了接待行业法规的编纂，但也造成了权力机构的侵入。在博洛尼亚（Bologna，1288），房东必须向有关当局提供非商业性旅客的详细个人信息；在佛罗伦萨（Florence，1301）和锡耶纳（Siena，1355），住宿登记成了一种公众职责（Szabó，1983：88）。尽管受到市政的监控，房东和旅客在长时间里被圈定为见不得光的人，谎言与欺骗、贪婪和欲望、谋杀及行刺都是商旅故事中的常见主题。就选三本书来说吧，比如乔叟（Chaucer）的《坎特伯雷故事集》（*Canterbury Tales*）、薄伽丘（Boccaccio）的《十日谈》（*Decameron*）、豪夫（Hauff）的《施佩萨尔特客栈》（*Spessart*）皆构建了一套完整的宾馆模式，将其看成充满了遭遇、惊险和性阴谋的罪恶之地，也是警察额外关注之所——一个中庸的形态。在这里似乎百无禁忌，却又处处设防。

尽管超越了商业化和法典化，宾客情景的基本内涵依然成为一种半隐私

---

① 商务宾馆对经济史和市政史的重要性，见佩耶（Peyer，1987：76f）和科尔特克（Kerntke，1987）。

的"公众"领域内的平衡物，并且与现实的阶级秩序相对应。因此，这种好客的"私人化"带来了顾客的同质化。不同的阶级和行业规定着需求程度，而其余的则不断被并入商业化领域。上层人士彼此惺惺相惜，商人们和艺术家们频繁出入于商人和艺术家的住所，用不着支付任何费用。对有的人来说，好客是一种（不是唯一的）展现能力的手段，也因此成为阶层代表元素；然而对于中下层人士而言，好客是促进群体团结的规范与模式。早期的资本家们苦心经营好客之道，以最大程度降低商业风险。在协会和公司里，单方的馈赠予接受行为不算合约，却是签订合约的必备前提。如果没有互惠之举，没有宴会和礼物，不仅举足轻重的贵族政治，就是全世界各行各业的交往都会分崩离析。

　　无论哪种情况，礼仪—就餐型社会（Hauck，1950）都保持着社会融合性的特点，但这种社会的运作会将其带入老套的亲缘道德观，而非宾客情景所产生的那些基本理念。阶级社会将每一个个体安置在唯一的子系统内，并使其与相关"阶级等级"相对应，这种做法限制了潜在宾客的范围，降低了宾客情景的社会——道德的潜力，使得宾客只能和同等地位的群体交流。好客游戏曾经被看作是充满矛盾和潜在因素的，并且是一种"恩惠时段"，如今变成一种充满"排外和身份认同原则"的游戏。宾客这一术语不再指身份的不确定性，而是指一种明确的关系。在阶级社会中，身份认同这一思考虽然可以站得住脚，并且成功地按照阶级来划分个体，对于那些没有合适的阶级去站队的个体而言，社会认同的失败会使其遭受不公平对待，这些身份不明确的人会再次被划为异类。旅馆、客栈和救济院里都没有他们的容身之地，他们是警察盘问的对象，他们的命运落入赤裸裸的暴力行为中，捆绑在政府的法规中，局限在慈善机构的关怀中。

第三部分　变迁

8.　理想结构

慷慨本来是天神的德性，凡人慷慨了却会损害他自己。

——莎士比亚

奢侈生活（Sombart，1982）和文明力量（Elias，1994）已经合为一体，宫廷社会还是留下了探索宾客以及馈赠的"潜力"的任务，它形成交错的知识，以便在资产阶级社会中传承下去——部分由于饱受争议的传统，部分由于典型的遗赠。[①]

如果有人用诺贝特·埃利亚斯（Nobert Elias）的文明理论视角分析欧洲社会的历史，他可能会说，从衰落的中世纪到 19 世纪早期，宫廷是（人们）社会心理变化（新习惯和新性情的构建）体现最为集中的地方。埃利亚斯称之为一种社会形态，突出体现在互动的密度和一种特殊的行为理性上，在人们争名夺利的无情斗争之中产生（Elias，1994）。功能的被迫分化，之后竞争与垄断的形成，相当于对个人距离和自我控制施加压力的触发机制和准外部法规。这一文明化进程正是在该系统的基础上进行的，它与该系统的社会生产、指数化和管制同义。当一切都受制于他人批判的眼光时，品味、着装、姿态、语调和动作都被用于判定一个人所处的社会地位，然后审视自我和他人，同时更影响到控制能力和认知能力，成为基本的生存策略和根深蒂固的"习惯"。

温文儒雅的互动使人类交往成为生存所必需的实用艺术，这一实用艺术建立在知识的基础之上，并促使主导地位形成。[②] 人们的行为准则是根据最大限度的审慎与远见形成的，演变成礼仪与礼节，记录下来并通过礼仪书籍

---

　　① 诺贝特·埃利亚斯（Norbert Elias）的作品已经将法庭的意义细致地描述为一种新的里程碑式的社会化。为了馈赠，我们最多只能简单地勾画出礼物的合理环境和宾客处境。

　　② 哈拉尔·哈费兰（Harald Haferland，1988）做了一项针对合法交流的文明内容的研究，并列举了宫廷史诗的例子。

传播。人际关系处理在旧制度时期非常盛行，主要是为着捍卫地位与权力，人们由此衡量身份地位和社会尊严。

> 没有什么能让一个人在动机上欺骗自己。相反，正如他不得不在他人控制下的外在行为中找寻他们真正的动机，如果他无法在对方冷漠的外表背后寻找感情和兴趣，那么他将会迷失；如果他想有效地表达自己的感情，就必须先了解自己的感情。人类行为动机的利己思想不仅形成于资产阶级—资本主义竞争的范围内，而是最初在宫廷斗争中就已经出现，且后者首先昭示了当下所说的人类情绪。（Elias，1983：105）

当然，由此衍生的大量文化知识和交互形式表明（仍然是阶级限制），构建与自身的自反关系是一种可能情况，但其含义已经超出了互动领域的阶级框架。

然而埃利亚斯（1994）将文明进程的心理社会学视角用于构建稳定的超我构架，将主体发展的潜在动力视为过于简单的调节过程。[①] 我们把自己限制在彬彬有礼的自我理想的特定描述之中，尤其当影响到礼物的情景化时。宫廷式自我理想的形成（视作一种贵族生活方式，同时也包括市民）持续了好几个世纪，而且基本上是围绕馈赠人类学中我们所熟知的单一主题构建起来的，即模拟互惠"重演"形成的权力关系。礼物和宾客在其中扮演着特别的角色，对这两者的处理则是最流行的主题，这一主题首先出现在宫廷文学中，然后在学术评论和哲学论文中。这不仅是因为涉及一种特定的宫廷表现和贵族群体的自我形象类型，而且更重要的原因是，社交的货币化形成了一种不同的分配模式，与之相关的独特的馈赠逻辑出现在各种更为鲜明的救济中。

作为存在的普遍审美化和地位程式化的规范背景（Weber，1978），或者换句话说，这一背景摒弃一切目的性消费取向，蔑视占有欲，从无价值的日常现实中抽离，这里有必要提及鼓励非生产性开支和过度奢侈消费以及决定表达行为的主要细节。骑士的理想，是希望合乎道德标准，但实际上"只能"称其合乎审美（Huizinga，1955：67f.）。它产生了一种荣誉代码，而这种代码自此成为"礼物"社会标志性的规则，为贵族生活方式开辟了道路，成为社会划分策略的代表，即使其自身文化起源长期以来已暴露在曲折

---

① 见维豪斯基（Wehowsky，1977：9）的批评。

的历史进程之中。

真正的封建主义和彻底的骑士精神时代在 13 世纪几近结束，但是骑士仍旧存在，成为贵族交往的理想化框架。① 贵族将自己的生活隐藏在从亚瑟王史诗借来的面具之下，驰骋于英雄时代无尽的冒险之中——像是在演戏，又像是在尽职。

在一篇很有见地的著作中，哈拉尔·哈费兰（Harald Haferland）重新构建了宫廷互动的模型，该模型借鉴了当时文学中的表达礼仪和关系模式（1988）。显然，冲突与互惠是一对矛盾的核心概念，尽管这两者在现实中都是赢得荣誉的常用手段。骑士精神就是冒险，搏斗和骑士制度是最受欢迎的实用领域，在该领域内，认可度被分配，一些人赢得，一些人失去。但不仅古代暴力的斗争模式形成了宫廷史诗，通过决斗和比武形成的仪式同样逐渐削弱了对符号表达的敌视，从而将暴力调整为相互关注的时刻。竞争的结果可能给胜利者带来一切，除了不能带走失败一方的地位和荣耀之外，就像战争需要大量花费一样。"比武就是为贵族和公众上演的宫廷献祭仪式，以引起注意，那就是荣誉"（Haferland，1988：96）——非生产性支出的财富只用于积累荣誉和提升名誉。

有一种堪比好斗模式的文明化变革，在分析宾客处境时已经清楚阐述，还可以在互动模式化中观察到，彼此联合的动机和个人安全的动机被相互认可的动机系统性地取代。"在宫廷社会，贵族们向互惠的理性模式靠近的行动都是因礼貌表达的规定的影响而产生的，不管上述情景是偶然形成，还是有意为之；不管是发生在陌生人之间，还是发生在熟人之间。"（ibid.，138）这不足为奇，不仅是宫廷诗人，还有施动者本身专注于形成一种与认知和荣誉直接相关的交互模式，通过竞争、问候、接待、道别，等等，互惠得到建立。

但即使是在宫廷环境下，礼物仍旧是最有意义的形式，认同关系从中得以建立和表达。尽管它可以被具有相似效应的行为准则替代，但在贵族的内部结构中礼物是表达的重要媒介，是醒目的关系记号，通过它，互惠意义的转换可以得到异常清晰的展示。宫廷礼物的内在逻辑，与常规法则下的主流

---

① 所有现代的更高形式的资产阶级生活都依赖于对贵族生活的模仿。比如放在餐巾上的面包，"餐巾"（serviette）一词本身就是中世纪皇室居家用品的词，还有资产阶级大多数的婚礼恶作剧都是从"里尔的美食节"传下来的。要抓住文化史中狭义理想的意义，你就不得不追溯到莎士比亚和莫里哀的年代，甚至可以追溯到近代绅士（Huizinga，1965：127；Idem. 1955：125）。

形式大相径庭，正如中世纪早期的馈赠关系所构架的形式。它融入了新的功能，或者只有古老的、对目的和职责进行否定的动机——这些动机对现代学生互动来讲，再熟悉不过了。

关于中世纪早期的语义学特征，几乎任何一种交换都是礼物交换。在长期的分配与再分配循环中，赠予的一方追求某种结果或是还人情，接受的一方因此认为酬答的职责具有约束性，合法的关系以确保对馈赠者和接受者双方都具有约束性。在封建法制中，赠予任何东西，包括庄园制下的赠送，都需要附加材料和严格的保护，同时各种形式的封建剥削都被视为礼物（dona）。在宫廷之间和国家之间的外交往来中，"礼物"（munera）与贡品没什么区别。和平条约与交流涉及宣誓，需要在交换礼物的仪式上进行，就像双方及族群之间建立的互信盟约一样。甚至基于交换的商品经济持续了很长一段时间，以求在互惠馈赠的语义学上与购买和销售接轨（Hannig，1986：152f.）。

赠予（Ars donandi），起初是利用礼物以打破军事僵局的外交政策，从而不断地汇集力量和强度，尤其是通过宫廷社交游戏赠予（ibid.，149）。威尔纳·桑巴特（Werner Sombart，1982［1913］）生动地将其描述成女性气质的胜利以及从奢侈之风中产生资本主义的时刻。最后，馈赠的艺术成了贵族特有的习俗，同时也是贵族心态的铁证。

宫廷馈赠艺术的新奇性在于它有意识地迈出了法律义务的语境，有意识地将自己描绘成单纯的"尊敬"。"真正的宫廷礼物一定是表示尊敬的礼物，因为它一定是馈赠者自愿的。不应该受回赠礼物或感激的义务所引导，也不能为了前面的行为而采取绝对的义务。这就是在理想情况下应有的样子。"（Haferland，1988：151）宫廷馈赠艺术打破了馈赠和接受以及债务借贷和偿还的联系，将其自身定位为仅由荣誉辩证法决定的独特行为。

托马森·冯·施可奈尔（Thomasin Von Zirklaere）的《主人—客人》（*Walscher Gast*）是中世纪中晚期培训骑士精神的畅销书。该书明确地阐述了宫廷互惠的综合性理论①，其中心是慷慨（milte）的理念。托马森认为心境不受战略定位和利益计算的限制，反而表达了目的的单纯性（milten muot）。那些随意赠予他人、只在乎自己荣誉的人，由于贪婪或其他原因关心自己行为产生的影响，他们滥用互动形式和表达性行为，违背了基本的意

---

① 接下来的内容，我主要参照哈拉尔·哈费兰（Harald Haferland，1988：151f）的翻译。

图。对于慷慨，恰当的理解是愉快地、自由地、自然地给予。它既不是内在责任或内在强迫，也不是法律条款，而是对美德的选择。单单这一点就显示出其与法律的差别，两者同样可以建立社会秩序，只是用了完全不同的方法。

法律采用制裁以强制或复原某种行为形式，这些方法与慷慨完全相反。既不能被人要求，也不能合理估计。然而法律在保持分层原则时，给予人们应该得到的，收回他们不应该得到的，通过强制报偿实现社会严谨。而慷慨的特殊原则就是只给予，它唯一的手段就是礼物，但会因此将人类和平共处从粗略维持认识与友谊的秩序中脱离出来，首次使人心情舒畅。但这些自我绑定的规范遭遇了严格的阶级界限，只有贵族才能有这种品德，因为只有贵族才有慷慨的能力。

托马森得出了一个简单的价值模式，进一步强调了阶级礼物的特殊性。几个世纪后，齐奥尔格·齐美尔（1958：357）顺利地将其应用于划分现代馈赠形式种类。对于穷苦人来说，荣誉没什么用处，他们需要通过他人的赠予来得到帮助，而这些礼物对于贵族来说则属于"小菜一碟"。因为荣誉与他们无关，礼物被赠予时也无人关注。宫廷礼物则迥然不同，它们应该是奇特而精美的人工制品，携带着独特的标志。礼物公开展示时要让人们眼前一亮，赞美不已。这些礼物给接受者带来极大的荣誉感，同时也是宫廷生活中的乐趣之一。

然而重新分配的逻辑与"功用"有关，并强调了事物物质的一面，慷慨将这种实体从宫廷礼物中分离出来，强调意义的一面。"在宫廷社会，没有物质资源，只有指示物才会被分配。这就解释了普及化的推动与慷慨范围内的差异。"（Haferland，1988：155）理想情况下，荣誉与认可是唯一重要的资源，它们通过礼物散播，被在乎单纯馈赠动机的慷慨行为激发。

托马森坚持打破馈赠与接受的循环，他提醒读者，任何礼物以及回赠礼物之间的来往都违背了慷慨的原则。只有非传统的馈赠才能证明主体自治，才能累积在荣誉的符号资本里。赠予者不能期待回赠礼物或"自然而然"的感激，相应的，与客人们的交易是宫廷史诗中常见的主题，客人的境遇则显示出基本的、无预谋的"真实"意图，加强了慷慨这一美德的特点。礼物所传达的只有馈赠这一单纯意图，动机中一旦掺杂了想要获利的想法，就一定会遭到鄙视，并且要与其彻底脱离。计算利益和结果属于商业范畴，不符合宫廷交互背景。如果最终收到了回赠礼物，也不能与自己赠送的礼物相比较，最好假装根本没有收到这个东西。

在托马森看来，对交互知识的解释可以将纯洁意图和不良企图分开。一方面，分离的非目的性意图自动与慷慨联系在一起，从这一点看来，其意义在惊人地增长，即礼物经历了宫廷构建的过程。但同时起因于一个事实，宫廷互动既有利于馈赠行为，同时也隔离了馈赠行为。将其移出礼物交换的循环，从而确保互惠本身，而非互惠行为真正涉及更深层次的礼物，这些礼物本身来自慷慨的象征性盈余。这种双重分隔之所以可行是因为慷慨被归为宫廷互动中的互惠一类，在与群体内部结构的关系中，就对称的认可分配问题表明了决定性的态度。

然而，交互知识不仅从一堆自相矛盾的动机中发展了非目的性意图，而且还试图分析与慷慨相称的表达行为。单纯的意图应该能反映在面部表情上，可能体现在动作的自然特征中，事实上有些人并没有事先思考、讨论和抱怨很长时间，而只是简单地赠予，单纯的意图还体现在非生产性消费模型之中，即能激发宫廷社会中典型的炫耀性消费动力的非生产性消费。一旦用非生产性消费表现慷慨，后者就将被无情地卷入互惠的循环之中。一旦开始，这个漩涡运转就会加速，支出尚不能通过支出得到回馈，慷慨无法衡量，（在坚持炫富馈赠的内在逻辑的情况下）他们以互惠关系开始，最后都以争相获取财物或炫耀地位而结束。正因为互惠模式可以瞬间变成竞争模式，竞争即使是在基本的身体对抗形式中，也必须转变为完全的互惠。身体和健康花销尽管在最开始分属不同的范畴，但两者仍然会演变成一个共同基础，在此基础之上，为认可而产生的宫廷斗争上升为理想的表述。

在托马森看来，慷慨可以是自发的，也可能是某种结果（假设意图的表现是成功的），因为它从系统上打破了有利于单纯目的的行为和结果之间的联系。诚然，非计划中的效果唤起了一些从根本上改变互动符号的微小的社会心理学奇迹和变化。用礼物绑定互惠的动机越小，这种绑定效果反而越强烈。如果在馈赠者的表达言行中，对义务没有任何暗示，接受者反而格外注意到自己的义务。如果接受者认为馈赠的表现是"诚恳的"，他很难不受礼物效果的影响。因此，托马森根据义务和感激表述接受者的态度，随即又引入了一个独特的术语，描述这一特点是与贵族气质相称的特殊价值，而非令人沮丧的负担。义务应该和慷慨一样是自发的。既然如此，问题不在于互赠礼物而在于能"承受"（双方感觉）义务的负担。

确切地说，在宫廷互动中，因为纽带关系已经属于特殊价值，而义务正是价值核心，因而也必须成为理想的互惠衡量标准。

> 感谢某人，将某段关系视作是彼此彬彬有礼的。当然，义务也必须是自由自主发起的，正如慷慨一样。只有这样，意图的纯洁性才能体现于其中。如果慷慨不强制执行义务，或者不实施任何类似法律的机制，那么义务也不会感到遭受强制力。（Haferland，1988：158）

义务成为自愿是有可能的，因为礼物和回礼之间的缝隙，暗示"拥有义务"并非是对收到的恩惠的回馈，而是一种独立行为，其符号价值与慷慨的符号价值相关联。变得慷慨、变得有义务以及显示自己有义务，即是宫廷关系在形式上的两面，而宫廷关系的内部结构和理想类型就是互惠。

假定在宫廷里，知识的某种形式凭借礼物发展成理想的样子，自愿的符号认同被馈赠的单纯意图所激发，不属于债务或其他任何互惠责任，而是直接赠予他人。这一转变的可能性源于宫廷互动的合法上位，取代了上古交换中由仪式控制的否定形式。这种符号实践超越了个人馈赠、接受和互赠行为的彼此隔离和认知重释，不仅允许单纯意图存在，也允许恰当的表现呈现在谈话中。贵族们至少知道，或者说可以知道，送什么礼物，送给谁，怎么送，为什么送。馈赠的推论是文化发明，将互惠问题放入比互换礼物更广阔的视野中，但是还有一些其他的模糊因素。因为构建各种所需的、理想的知识，还有对受人轻视的商业行动合理性的排斥和限制，战略性滥用和担忧的范围必然增加。因此，我可能会使用互动形式的认知框架，充分了解蕴含在自愿表现中的义务的自愿特征，该特征反过来会加深拥有义务的感觉。即使我只是假装这样，我仍然赞同文化新知识的理想以及间接帮助形成互动形式的理想互动形式看似矛盾地假定了地位和阶层，只为了通过认可和互惠让他们在社交中很快地重新获得平衡。正如在宫廷社会中，游戏规则只应用在将互惠置于安逸且富足的背景中。最后，只有具有恰当地位的人才能通过尊重他人的原则真正地将其承担起来。宫廷礼仪结构——由表示尊敬的礼物作证，并产生即便在现代社会也很重要的认可关系——正是体现在拉平等级和表现互惠的模式之中。

在此，仍然是文化风格的地位群体，通过形而上学的世界图景得以合法化，互惠认可和社会尊严通过涉及群体成员的荣誉符码进行分配。贵族在圈子里是孤独的，通过对称关系建立相互认可。每个人都必须遵从尊重和尊严，因为每人都是群体的一员。中产阶级女性反对实行这种传统美德，而是坚持普遍化——为了自身利益，她们破坏与财产分配相关的特权。但是在宫廷假设中，规范的资本凝结于坚持回赠的理想馈赠结构中，似乎清除了所有宫廷糟粕，最终演变成现代社会的道德经济。正如反经济原则超越了价值交换，正如回归与复兴、传统与乌托邦的关系一样，礼物仍然以现代的形式保留于世。

但在最初，大量变革引入了文艺复兴时期倡导的"资本主义黎明"（Heller，1982：3），导致馈赠问题失去了些许光芒。文艺复兴时期，人文主义的礼仪和教育书籍并没有把礼物当作核心，而是聚焦于有意识地形成和控制一切表达行为，这些行为能够承载礼物产生的互惠促进效应，从而成为认可关系的认知结构走向普遍性的第一推动力。正是在这份材料中诺贝特·埃利亚斯将不断增加的羞辱和笨拙的限度视作"文明化"进程的主要指标。在某种程度上，公众对周到恰当的行为所产生的压力不断增加，通过自我控制和情绪调节，对本能起到压抑作用。而禁忌和禁令保证了认知的必然性，害怕逾越雷池转变为羞辱和笨拙的不悦感，强调人不能受自我形象的引导行事。最初由"其他人会怎么想"这种有意思的问题所激发出的新性情（Elias，1994：66），脱离了传统的道德观念，而是象征性地表达个人价值。

正如埃利亚斯主要倡导的最简模型是由惩罚的恐惧和威胁构成的（Neckel，1991：135f.），他的"文明化进程"理论几乎不能容忍那些可基于理性和文化知识、对自我进行修正的内化形式。但是对重新使用和巩固认可关系的争取并非基于礼仪上对行为和虚拟世界图景的稳定需求，也很难在没有能动主体的自我表现下组织起来，因为自愿常常存在于含蓄的预设中。

建立彼此认可的规则最初与恐惧和自保联系在一起。然而在卡斯蒂廖内（Castiglione）、德拉·卡萨（Della Casa）和伊拉斯谟（Erasmus）的著作中，占主导地位的主题既不是恐惧也不是义务，而是新的理想人格的形成。（卡斯蒂廖内）书写《廷臣录》（Cortegiano）时，谁会成为"文艺复兴全才"（uomo universale）而载入史册，将理想情况下资产阶级主体所希望的状态呈现在我们眼前——自由言论力量中展现了全面的人格信任，致力于美学和道德上的完美，知晓自己对公共利益的义务，可以说是将相互认可的形式进行了人格化。托马森眼中的慷慨和非生产性开支对卡斯蒂廖内来说已经不再是主题。而慷慨的负面特征是嫉妒和贪婪，在某种意义上讲，朝臣不能吝啬。非生产性开支从互惠和竞争框架中移除，并严格限于统治者的奢侈消费。"他应该是地位显赫、为人慷慨的王子，对每个人都非常慷慨，就如我们所说，上帝是慷慨统治者的宝库。他应该举办盛大的宴会、节庆、游戏活动和公共演出……我也会争取说服他修建伟大的建筑，生时树其荣誉，死后为之纪念。"（Castiglione，1976：310）对于这类开支，关键的衡量尺度不再是奢侈之物，而是政治表现背景下的功能累加，其含义不是立即停止奢侈品，因为开支本身已经摆脱了这种刺激。在展示奢侈消费时，开支不过是一种实用的统治方法，是实现认可权力的权力。

吉欧凡尼·德拉·卡萨（Giovanni Della Casa）的《加拉特奥》（Galateo）于 1559 年在米兰首次出版，在对适度和礼貌行为的公开听证会上引起了不同的反响。这里主要是出于功利的考虑，许诺时机智圆滑、考虑周到是明智的，这一点有利于保持优势。德拉·卡萨处于传统道德论中，淡化了将实用准则说成美德的主张，侧重于看似不讨人喜欢实则重要的日常交往言行。

> 每个人都要处理与他人的关系，每天都要交往，因此，礼貌的言行每天都会上演很多次，然而公平、勇气和其他更伟大、更高尚的美德却很少用到。日常生活中，慷慨高尚的人不要求将这些美德付诸行动，更确切地说，没人能一直做到这些。同样，即使是英勇强大的人也不要求在行事中展现勇气和美德。因此，后几种美德在卓越程度和重要性上超越前者时，我想说，前者美好的品质超越了后者在数量和频率上的优势。（Giovanni Della Casa，1986：3-4）

另外，礼貌对那些有权力的人是有用的，但礼貌不仅在于社会优势。表达行为的形成、对自我和自尊的审度、得体的着装、为人体贴、尽量减少对他人造成影响（德拉·卡萨严格地将其视作对生活常规的生产调整），这些也可仅仅服务于崇高的目标，凝结在某种理想人格之中，因为和谐与完美在美学表现和道德行为中具有最高的价值。即使德拉·卡萨的观点倾向于强调"文明化进程"论点中的内化压力，其中也保留着一种无法解释的剩余。因为适度是一种即时的规约，一种主观的技能，一种既是强制的又是习得的行为倾向，能够形成相互认可的关系和社会自尊的形式，只因它在某种程度上由个人自主性定义。目前丰富的互动用于概述披着传统道德外衣的主体思想，在结构上将自我实现和互惠联系在一起。只有关注他人的爱好（利益），才能加强尊重和尊严。他人的利益同样需要衡量标准，其内部规范是互惠主义（互动性）。

如果关于馈赠的人类学论述不再涉及物质资源的交换，而只关注表现行为的互惠主义（互动性），那么馈赠的语义学也同样始于此，以摆脱物质基础，并在意义转换的符号框架下繁荣发展。细微的交互动作、随机应变、深思熟虑、踊跃建议和对行为的修正，这些生动的描述是德拉•卡萨（1986：9f.）描写吵人的食客的语言，现在都定名为礼物。现在，有可能制作一份终生礼物，这个礼物经过深思熟虑、时机恰当、充满爱意，像来自天堂的礼物，能够令人康复或者带来死亡。友善的话语就是对礼物的报答，因此友善的话语也就等同于礼物。一方面，礼物语义与传统礼物的去戏剧化道德一同传播，为阐明意图和加强表现创造了空间；另一方面，礼物语义并非偶然垄断了所有互动的象征形式，这些互动甚至略胜于传统框架。但其规范内容在一个事实中展现得淋漓尽致，即强调表现行为的一面，并推进了这一面，在合法期望的衡量标准之上，似乎是人们自愿所为，似乎是主观表现而非法律强制。礼物是行为结构的情感词语，其中主体自治和自愿投射出来，它并不是唤起强弩之末的强制力，而是形成自由的结晶。通过交互活动，为彼此关系的规则进行斗争，为认可与尊重进行斗争。

《宫廷之书》（*Il libro del cortegiano*）问世之后仅仅一个世纪，另一部作品问世了。该作品把与传统馈赠道德相关的世风败坏和身份问题呈现在我们面前。莎士比亚的"最后的英雄悲剧"——《雅典的泰门》（*Mantey*），剧中没有人展现了热情好客和高贵奢华的典范，只有一个忘恩负义的世界，人们久已废弃理想，亦不能理解浪漫主义精神。一旦功能主义打破了和谐统一，内部交换就必然失败。慈善家泰门忽视了这一改变，他的处事方法变成了憎恨和自毁，在他的想象中，世界的尽头不值得存在。

泰门第一批登上舞台的雅典人是代表，他们素养高，影响力大，令人敬仰。泰门把自己和无限的财富都奉献给了百姓的幸福和愉悦，奉献给了善人和善行，他的付出就连黄金之神普鲁托（Pluto）都无法比拟。他的财富，还有他受到的关注，并没有表现出拥有的力量，只对非生产性开支起了作用，因为没有阶级界限。"生而为行善"是泰门的行事准则，完全不顾自己的利益。这个世界的"上帝"毫不犹豫地施予，"哪有给了人家再收回来之理？"（Ⅰ.2）。因此，互惠的义务被终止了，小小的礼物换回的是巨大的回报。泰门没有选择交换，而是选择了牺牲，为了找到他曾经得到又失去的亲密感。对朋友的执着追寻，"许多情同手足的朋友合用着彼此的财富"（Ⅰ.2），慈善家一直希望自己变得再穷一些，好与其他人走得更近。但是对朋友的感情投入仅仅触动了自己的泪腺，最后无疾而终，泰门还是没有朋友。

对于贵族、诗人、画家和商人来说，他们有舒适的房子，有铺张的盛宴，用奢侈的礼物迎来送往，长期以来供奉着另一个恶魔——金钱与权力的上帝。这一强大的力量让天堂与地狱一同为这"神授"之权所带来的利己主义产生最大化的欢愉。寄生虫、奉承者还有那些只为自己织网的人徘徊在泰门的善行周围，这个群体知道"除了回报再无其他奖赏，是原本的7倍；没有礼物给他，只有超过赠予者的礼物，这就是报偿的所有作用"（Ⅰ.1)）。精于算计、商业主义和自主思考让英雄壮举变成可笑的行为，让泰门的慷慨变成堂吉诃德式的荒诞。在曾经那一缕卓越的微光中，馈赠是分享，而现在这缕微光已经消逝在商业活动中了。交换的"不可能"是指当物品起符号作用时，可将其视作商品。而交换引发了双重错觉，最后（给人们带来的）是巨大的沮丧。围绕着泰门的不是普通大众，而是商人。节日也不再是节日，宴席也不再是圣礼的变形，礼物也就不再有用了。馈赠的单纯目的已经在奸商的笑声中瓦解，曾经考虑的互惠已经不复存在。"生而为行善"的人和以积累财富为生活目标的人之间有着不可逾越的鸿沟。

但是泰门既是罪人（Schuldig），也是债务人（Schuldner）。他的罪源于看似单纯的馈赠，事实是他致力于善行却忽略了权力效应，他的花销只加强了他所寻找的友谊关系中的优越性。界线亟须清除，这一需要逐渐靠近奢侈的花费，是"不可能"交换的反面，因其从系统上否定了回礼，从而否定了义务时间。和礼物一样，时间像债务人，失去了建立关系的能力。因为非生产性开支也缺乏互惠和统一标准的框架，而把泰门变成更大意义的债务人。泰门不可估量的资源终将耗尽，他再无能力给予，也无法解决自己的债务。无尽的花销让他走上了权力的顶峰，他必须忍受礼物的破坏性力量即有些人的忘恩负义。破坏性力量让他卷入债务中却不被给予安慰，忘恩负义的人显然不是他的朋友，泰门的诉求无人理会。曾经一度拥有财富的人给出了这样尖锐的警告："没有时间借给人钱，尤其是对没有安全感的朋友。"（Ⅲ.1）

那些所谓的朋友都有着背信弃义的特点，泰门为骗子们设下最后的宴席以便清算。在他的感恩祈祷中，他与一直以来信奉的思想彻底决裂："你们这些伟大的捐助者，给社会播撒感恩的雨露，唯恐蔑视神明。借给每个人足够的钱，一个人本没有义务借钱给另一个人，因神性而借给他人，人们就会放弃绝上帝。"在呈上了温水和石头之后，宾客四处散播被怠慢的经历。泰门也精疲力竭，将自己埋葬在一个充满憎恨的幻想世界，屈服于疯狂的愤世嫉俗中，就像他曾经疯狂的过度花费一样。泰门又一次想起了远古的开端，那时一无所有，残酷无情。他留给世界最后的礼物就是对这个世界的诅咒，以偶然发现金子的方式，"人类普遍的下贱"这句话又一次复活。然而，他最后的、无可比拟的挑战，就是他自我毁灭的行为。

在人们无条件的爱恨极致中，莎士比亚最后的悲剧英雄展现出的是渴望和浮华。他永远都找不到"人道的中正"了。这个"中正"到底在哪里？当新的尚未形成，旧的也不再处于道德的座上宾时，如何才能发现这个"中正"？当传统道德的"紧身衣"失去了保护作用，行善者变成傻瓜，奸商反而成了英雄。前者只知奉献从不索取，后者只会索取拒绝付出，只是按部就班地按照平等的铁律行事。泰门和他的朋友几乎没有将互惠和平等形成一个单一的行动秩序。但是除了这些不协调的干预外，还有一个主题现出来。

忘恩负义暗指经受了失望的期待，引发了"人道的中正"，其内部结构也许不能被淋漓尽致地描述出来，但是目前还是可以充分地表达成感激或感恩。为了表达感激之情，回应收到的优待，礼物道德淹没在社交的正常假设之中，毋庸置疑的期望一旦不再有效，很快就会成为问题。透过莎士比亚所书写的泰门剧情中，资本主义萌芽浓缩成人类失败的存在主义戏剧。从这一刻起，证明感激的努力将会成为超越交换机制的道德义务，永不停止。

从词源上讲，"Dank"（谢谢）和"Danken"（致谢）都回到了"Denken"（思考），表示一种心理活动，一种精神行动，或者是令人振奋的运动，与之还有相对应的德语"Andacht"（虔诚的祈祷）或"Gedanke"（想法）。但是"Dank"不仅表示意愿或意图，还表示接受善行的义务感和善意的成就感（Gimm and Grimm，1862：727f.）。至少在印欧语地区，毫无疑问原始含义来自圣礼，在合并"经济意义"和经济贸易之前，原始意义和"Gnade"（可译为不同的意思，如"仁慈""优雅""善行"）的复杂概念有关。献给上帝的赞美诗篇和感恩颂歌，与不求任何回报的服务具有相同的表现力。服务的理念之根是"不需要反向服务"，对于我们现代人来说是双重的，既是"善行"，又是"感激"，是馈赠者和接受者感觉到的情绪（Benveniste，1973：60）。拉丁语的"gratia"来自希腊语"charis"，意思是"喜悦、欢乐"，在"免费给予欢乐"的意义上成为经济交换的标志。曾经意味着善行和善心，自愿和欢乐，最终用于表达"感谢"的程度，与重要的信仰如出一辙。在金钱机制约束的社会里，"Gnade"（仁慈或善行）恰恰在于为回报所接受的服务而中止义务。由礼仪控制的礼物和回礼因此而自动中断，尽管服务不存在任何回报，却是善行的标志，是纯粹的"仁慈或善行"（Gnade）。正常的交换循环里，人们给予是为了收获，而在这种循环之上，还有一个次级循环，即圣奉和感激的循环。在这里，人们给予时不会考虑回报，一切尽在"感激"之中（Benveniste，1973：162）。

但等价物的交换一旦成为主导就会分离，古代交换也属于"整体服务系统"。金钱循环和"免费"赠予循环已经彼此脱离，但仍有人怀疑这两者总是很"不成熟"。善行变得恼人，愉快也飞走了，而感激则意味着义务感和负债感。

9. 超越必需

从不直面人类情感的人，也会被他的同类的情感拒之门外，他可以生活在这个社会中，但如同处于荒原深处，无人关怀，无人问津。

——亚当·斯密

表达感激的义务，拥有一个漫长的发展过程。柏拉图已经提出一个不成文规则，回之以善举。西塞罗（Cicero），尤其是圣力嘉（Seneca）曾经就此写了长篇大论。到了 17 世纪中期，虽然托马斯·阿奎那（Thomas Aquinas）仍坚持将"感激"（Gratitudo）视作一种美德，但是早已不得不悲哀地让位于更理性的思考，即"感激"是为着"私利"。《利维坦》（Leviathan）从英国内战中提炼出社会理论，霍布斯对其进行总结后，将感激列为第四条自然律。他有一条很实在的格言："一个人因为另一个人给予的纯粹恩惠和付出而得到好处，付出的那个人，没有理由对自己的好意感到后悔。"这一总结可能发端于这一假设：人只有在预见到某事于己有利时才会去做，如果事先知道目标无法达成，便不会甘做好事，于是一切的相互信任、帮助、和解都不会发生。（Hobbes，1968〔1651〕：209）

按霍布斯学派的主张，施予者和受益者都因"利己"而合法，由于理智地知道自己的局限，所以这样做。因为可感知的自我控制，一定的理由能指导人在自愿和义务之间找到合适的定位。于是，感激也是理性行为，因为它包含了施予者对自己能达成目的的想象。在霍布斯所处的时期，话语转变是典型症候，他不再把焦点放在善举本身，而是放在受益者的角度，如何避免可能遭受的影响。任何可能拥有足够资源、可以避免欠人情债的人，在免费的利益互换面前也会毫不犹豫地投降。但是"我们认为可以与某人扯平，如果从他那里得到的好处比预想的报答要重，这会产生出假情假意，真相是秘密的憎恨，将别人置于无望的亏欠者的境地……因为，好处是一种要挟；债务就是束缚；无以回报的债务，是永远的束缚；对对方而言，是可恨的"（ibid.，162）。慷慨和义务——托马森或许还是将其视为自主行为，因为送礼和回礼之间界限分明，并将之视为高贵的美德，因为它们是在自愿的情况下发生的——但是现在难免遭到怀疑，也许它们适得其反，与这种假设的平等相对，这种平等包含在契约理论和人格理论中。不再有恩惠，也没有相应的感激义务，任何的认可关系皆如此。这些仅仅限制了自由意志和个人利益的范围。简单地说，它们唤起了会破坏对方自尊的不合法依赖，虽然毫无疑问，它们对群体没有用处。这种零成本付出的矛盾结构，与平等的金钱循环对比，显得异常清晰，一方面，它建立起一种时强时弱的危险关系；另一方面，它与社会规范整合密不可分。

交互知识改变世界。为了将感激的义务与道德理论套牢，资本主义社会而非贵族社会将这一拥有耶稣面孔的过程与一般的经济环境割裂了。在现在资本主义社会人们追随两个不同的指路灯：假设的经济理性和清醒的道德责任。两者都是基于道德和经济对生活的理性认识，但是都围绕着个人利益这个固定中心。

> 古时候，在最崇尚享乐主义的人类道德体系中，追寻的是一切好的和让人愉悦的东西，而非实际的用处。在谋利和个人主义被提升到原则层面之前，人们已经需要理性主义和重商主义了。你甚至可以追溯到曼德维尔（Mandeville）的《蜜蜂的寓言》（*Fable of the Bees*），从中找到个人主义的胜利。（Mauss，1990：76）

当然，还必须说到宗教改革——成功的"选择性亲和力"在新教伦理和资本主义精神之间建立起来，带来了无数后效应。不止禁欲主义"强力地阻止了由资产带来的愉悦"，并"限制消费，尤其是奢侈品消费"。而且由于人们视之为"上帝的直接意志"，它便能自由地"从传统伦理的信众"那里得到好处（Weber，1976：171）。与禁欲主义关系更加紧密的是现代个人主义的兴起，它一开始也身着宗教的外衣。

"内倾的个人出现了"（Dumont，1986：77），自我与他的上帝面对面，而他的上帝是通过无尽的活动才建立起来的（Calvin），而且一直在检验着人们的良心（Luther）。[①] 卡尔文主义的效率原则将外部行为的最精致的细节组合起来，认为这样就能约束外在效应和内心世界。然而卢瑟主义的目标是，通过严格控制想象的世界，如思想、注意力、欲望和幻想，来控制行为，直指人心。但是，不管重点是否落在行动上（总是喜欢自我否定和无情压抑个人私欲），还是仅仅是脑海中的一个想法（想象在个人的目标和神祇意愿中建立和谐），身体的规范（作为影响的落脚点）以及灵魂的提升，都被定义为一项现存的任务和神圣的职责。自我参照、自我要求、自我控制和自我反省都是一个人自我中心主义和某种程度上的非社会观念的基础，他的理想形象来自于与上帝相遇的个人。

虽然生活行为的宗教之根最终干枯了，但先前以上帝为中心的准则机制和寄希望于上帝慈悲的标志都在很长一段时期内延续着，然后变成了经验主体的身份形态。解答和救赎都不再属于超越人性的范围，而是来自于个人本身（Soeffner，1992：63）。然后，并非有意为之，但是具有纪念意义的转变开始了——世上的神圣属性转变为主体构成的概念（ibid.，66）。于是每个个人都代表着自己的世界，充当自己的神。因为神并没有死，他只是换了住址。

宗教改革是伟大的个人解放历史的新篇章——或者，更准确地说，是宗教推动的个人利益解放的篇章。世俗化与资本主义的历史在经济上紧密相连，与资产阶级主体历史在道德上密切相关。从这一点上，我们可以看到传统馈赠道德的中心主题是怎样倒塌的，重大的变革是如何影响叙述形式以及与善行相关的普遍知识的，既有的互惠模式是如何被打破的，或者说如何彻底挪到了超经济领域的。但与此同时，能够在认同和互惠的凄美中看到人的新形象。[②] 馈赠的语义传播到社会交流的各个领域，表达感激在实质上与社会尊严接近，受规则捆绑的义务和自由意志之间的辩证关系，由于普遍知识的干涉，也变得十分中立。

但是在礼物上发生了什么变化？当个人利益丢弃了所有的传统动机，免费的赠予还有什么象征地位呢？是否有人本来就对免费的赠予有兴趣，或者目前这一地位还尚未被取代？

---

① 路德新教的个性起源，持久地影响了主体和人格理想的现代观念，见汉斯·齐奥尔格·泽夫纳（Hans Georg Soeffner，1992）；关于卡尔文（Calvin），见杜蒙（Dumont，1986：5262）。

② 这里的道德周刊提供了特别丰富的材料。关于历史文化中的观察者的意义，见约阿希姆·莫伯斯（Joachim Moebs）的出色研究。

一篇 1735 年发表的关于"礼物"（Geschenke）的文章（作者不详）——《由人类智慧发明和改进的各门科学和艺术的完整词汇》中总结了以个人利益为主要特征的馈赠体验，文章不仅反驳了托马森的理想化结构，还否定了任何以认可为动机的馈赠行为。该文章认为："是一个事物名称，其所有权转移到另一人，而不计任何补偿。给馈赠行为制造一个理性前提是多余的。所以，一个人如果自身资源匮乏或仅仅够用，从此种意义上看，就不必馈赠。因为我们只有在自己富余时才能对他人承担责任。我们不必顾忌去拒绝那些无耻索取的人。但是，在馈赠的事务上，多少关注一个人的合理利益，绝不是不负责任，因为上帝希望我们为自己的利益行使我们的能力。"

不管是不是新教伦理和资本主义精神让作者说出了这番话，馈赠降格为一件单纯彻底利己的行为一遍又一遍地被证明为"新教"主义。交流形式系统的去符号化及其功能化并肩前行。慈善、同情和怜悯在很长一段时间内都从馈赠环境中停止了。在匮乏和富余之间，对他人的责任现在已经不被人看作和好的模式，而是在给自己带来好处的同时，将自己的富余分发出去的唯一可感知方式。因为富余并非总能成为慷慨的动机。相反，它的"无用性"意味着，它被放入馈赠的活动中，是为了能得到之前某人所没有的东西。这种利益最大化的工具化是合法的，又在某种程度上受到上帝的意志限制。我们应该，也必须将自己的礼物进行战略化分配，长期以来，我们的目标是"公正"。但是，所有的目标都是公正，也承诺了在不忽视互惠职责的前提下提供一些合理优势。同样，感激也从根本上降格为以馈赠的形式表达感谢。

既然人类的知识和智慧在"如果某人要用礼物来达成想要的结果"时密不可分，建议对潜在的接受者性格做详细研究。"野心型""浪荡型""贪婪型"——这是利己主义主体的三个面孔——通过各种对馈赠者的算计，使自己的花费都能由对方买单。第一种，为了扬名天下而煞费苦心，为了建立于己有利的关系，对于他人有心的馈赠，他会双倍奉还。第二种人是矛盾的参与者，虽然会慷慨解囊，但比较随意，让人摸不准自己是否已经回了礼。最该高度警惕和回避的，是贪婪型，这种人从不回赠，或者只在自己能够收支平衡的时候才回赠。个人利益作为一种硬性规则在这里也适用于时间，视对方的弱点或需求在赠予礼物的时候能否被利用而定。赠予的艺术，其行为表达作为认可和互惠的一种重要形式，这一事实的最佳注脚便是笨拙地尝试行贿，但更加印证了严格地去符号化和理性化的征兆。只要馈赠不能达到利用别人实现个人利益的动机，它便成了近乎愚蠢的一种品质，在任何情况下都该受到彻底的鄙视。

获取，与赠予一样，完全是出于个人利益最大化的考虑。准确地说，"很容易从那些认为应该合理地收取礼物的人身上发现这一点——也就是说，从那些还有那东西的人身上看见这一点。即使是已经没有了的，在这种情况下也会装作自己其实还有，但是他们实在留不住东西，总是毫无缘由地把东西送出去。我们找不到原因拒绝这样的礼物"。理智的人会通过对抗不合理的使用资产（不管是自己的还是别人的）来巩固自己的理智。

礼物交换降格为一种纯粹的战略性给予，是有其逻辑的，这种逻辑不易从购买和分配的市场机制中识别出来，其推动力是获取和占有其所包含的个人利益。正如买卖行为是不需要个人在这一过程中表现出尊重和自尊的，赠予也一样——在还原理论中就是如此——作为一个包含符号能指、关系标示或互惠关系的行为模式，的确不好理解。它不只是所有情感价值，所有同情效应——联合、信任、感激、认同和尊严，以及巩固和协助——目前在本书中也找不到其他任何表达了。当对他人的责任仅限于富余的情况，而对自己的责任是出于理性和趋利的考虑，互惠的规范内涵就从实质上被削弱了。

"一个人在自己的资产面前将自己降低为服从的侍从一般，变成了一个资产保管机器。他对责任的看法，相对于资产，在生活中只占据很小的分量。"（Weber，1976：170）这样定义个人利益之后，不能通过宣称失去权力去占有权力，也不能启动认可和互惠的形式，或给单纯给予的想法让步。这意味着要么把砝码放在处心积虑的欺骗上，要么就得对之充满警惕。象征性的剩余价值只有作为物质基础才有价值。很多人的道德，一旦与社交性如此赫然地联系在一起，就得遭到鄙视——作为非理性的存在被非法化了，代之以责任道德。要敬忠职守，尽可能地增加一个人的资产。慷慨，人类学上的给予，在一段时间里退居幕后；而个人利益和世界范围内的理性觉悟登上了舞台。现在，大权在握的是财产私有，还处在萌芽阶段的公民，想要控制自己的钱包——经济人，正如马瑟·莫斯称呼他们那样，他们从"资产阶级社会的普世价值"中找到了自己的最佳选择（Bataille，1988）。

还原论者的策略性馈赠想法，触及礼物中的终极主题，这是一贯被全盘否定和掩盖的部分。自我保全和拉帮结派，资产排序和声望利用，慷慨和义务，相互认同和无私奉献，慈善和感激的义务，利他主义和排他的个人物质利益考量——这些是一个人所能获得的全部动机，也是相同的互动形式。通过对交互知识进行分析整理，它们变成了文化知识的更大储备库，被人们视为理所当然。因为这些相互独立的认知动机让人们对环境有了不同的认识，而基本的实用主义方案或许能确定为文化主导框架，人们越来越怀疑自己被利用或被欺骗了，越来越需要确定别人的意图。角度的繁复多样意味着，馈赠曾经是忠诚的象征和表达，如今已经是一件非常耐人寻味的事了。

资本主义的馈赠文化，始于个人利益的解放，创立了一种怀疑话语。实际上，它就是一种怀疑文化，在这个文化中，赠予和收取的所有动机都从属于对个人优势和好处的优先考虑。托马森强调馈赠的单纯意图，与之不同，资本主义的馈赠者忍不住要由内到外地审视自己，找出充分的理由，这样他才能至少修饰性地满足对方的自主性，消除对方对自己怀有不忠诚目的的怀疑。一旦礼物的定义承载了个人利益的标志，也就是对方的利益，那么，并非馈赠和接受行为本身，而是对其动机的讨论界定了其意义。这样一来，此类话语就不得不与和解模式相融合了。

在文明史中，从馈赠到礼物，原始形式的完整意义发展和改变了。从彻底的礼物交换的社会事实到贵族慷慨这一阶级道德，之后随着资本主义市场的突破和他们的个人利益逻辑，人们渐渐不再相信馈赠只是从社会再生产的压力中分离出来的一种无特殊意义的互动。

馈赠和献祭与社会性、等级制和政治等级的产生和稳定直接相关。这些整体性的动机可以追溯到资本主义社会之初，它们（和竞争激烈的非生产性支出一样）被更加高效的社会化机制取代了。新教伦理撕毁了最后一块传统馈赠道德规范的面纱。随着社会再生产和政治权力从中世纪晚期萌发开始，馈赠也失去了它在政治上的代表性特征。礼物不再被视为荣誉的象征，而是成为专制国家的典型特征，然而在共和国，职责是在法治精神下进行的，被看作是国家行为的唯一合法基础。正如孟德斯鸠（Montesquieu, 1949：66）简明扼要地指出的那样："不收取任何东西的人，也不期待收取任何东西；只收取少许的人，很快会贪求更多。"劳动的全球化最终带来了附加义务的转手。捐献和祈求都从合法交换层面的形式中被剔除了，就算是当代的重点学科——政治经济，礼物都不再与它有任何关联了。

但是赠馈并没有简单地消失在以经济为动机的利己主义者当中。互动的形式"仅仅"（而且确实地）从交换的图景中消失了，它改变了场所。而且，正如资本主义馈赠文化，它自身变成了某层面的一部分，这个层面将其存在归因于分裂和自主化，或者，在系统理论术语中，归因于社会各层面的功能性分化过程。"历史上第一次，必需品的境界，生存的压力，从各方面都变得与自由的境界不一样了，也与对文化的既定看法不同了。在这个文化中，因生产的压力而免于被指责的人类理想，可以不顾他们有限的实际操作能力得到发展。"（Schindler，1985：195）这种经济与文化的分离——从传统馈赠道德的观点上看，与文化层面上经济和道德规定的"道德败坏"并肩而行——不仅突破了生产的资本主义关系，同时也进入了资本主义世界图景的构造中，它们自身就是被思考和被讨论的对象。

作为系统分裂的产物，资本主义世界图景要求共鸣，证明自己是人类的同时，也是资产拥有者。隐私和亲密的社会新空间，将私有合理化的资本主义大众层面的发展（Habermas，1992），作为一种理想的（不是全然有效的）道德规范，作为社会性和表达行为的形式。在这当中，地位归属和市场规律、国家法律一起，被废除并以自动的私有和动人的人权取而代之，这些都是以否定经济约束为基础的，这些约束虽然部分只是幻影，但对人类文化而言是非常成功的。后规范道德观念，最开始由哲学和宪政理论提出，作为一个整体传播到整个社会，如此一来，释放了一种动力，最终打破了传统的道德框架，革新了社会的整体价值准则。自由和平等曾经作为客观要求被强调，如果不是已经胜券在握，至少也成了制度上有效的规范取向（Habermas，1992：54f）。"文化"于是成为人们私人见面的特有场合，而非带着性格面具，因为它既是结果也是社会控制最多样化的学习，它在经济层面致力于让个人附加价值与物质压力保持距离。财产所有者之间曾经合理的贸易行为准则继续在人类的社交中遭到蔑视。

但是，这种范围的分化只是加剧了，虽然像是在一个颠倒的倒影中，工作和非工作的内部与法治文明相对立。在反对法庭模式的过程中——即反对排斥和抹黑营利活动，反对寄生的奢侈品消费和对社会财富炫耀性的破坏——资产阶级所要的并非是文化的自主权，而首先是对作为权力基础的经济的严格服从。他们反对至高无上的符号资本，要求确保经济资本的首要地位。为了显示经济作为唯一的和"自然"的社会再生产的基础，为了接受生产和贸易领域的外部的、"自然形成"的压力，就是要推广那些贵族坚持要舍弃的基本商业化行为倾向。但是经济财富还是必须与资本主义社会理想相兼容——一种受用于虚拟自主化或为经济式文化服务的目标。在超过必要的空间里，资本主义的个人将自己设为一个具有隐私的人，并遵循从贵族生活中借鉴过来的诸多态度。

正如马克思敏锐地指出，因为"原罪无处不在，随着生产的资本主义模式不断发展，社会财富不断累积增长，资本家不再仅仅是资本的化身。他会感受到自己本能的温度，他的教育逐渐使他能对自己先前的禁欲热情释然，同时也对老派的守财奴偏见释然。"（Marx，1976：740）。发展到一定的阶段，一贯的消费水平——财富的展示和获得信誉的途径——变成了一种对"不幸的"资本家的经济必然。他觉得有必要在经济和文化中采取不同手段——首先是"浮士德式的在积累的热情和享乐的渴望两者之间抗争"（ibid.，741）；然后是以炫耀性消费的形式作为地位象征和信用工具；最后是对至关重要但缺乏安全的社会关系的长时间担忧，人们更加需要社会关系的相互理解和相互合作，但这是不能通过购买和强行获得的。

经济学的文化否定本身就具有经济学基础。这个世界的任务，就算无法强加于这个世界，也要将生存所必要的适应压力转化到社会契约形式。这一任务依然仰仗市场规律，它可以让人更自由地脱离自我，实际上让人可以支配更多的经济资本。"经济权首先是能随意支配经济必需品的权利"，这就是为什么人们要通过破坏财富、炫耀性消费、挥霍和各种慷慨奢侈行为来显示这一权利。于是，虽然宫廷贵族将整个生活变成了一道持续的奇观，资本主义还是将什么需要支付、什么是免费的分开，利益关系和非利益关系的对立建立起来了。在韦伯看来，工作场所和居住场所，工作日和假期，外出（男人）和留守（女人），生意和感情，工业和艺术，经济必需品世界和自由艺术世界等诸多关系之间的特色被经济权利从必需品上夺走了（Bourdieu，1986：55）。

随着经济和文化的分离，馈赠的行为转移到了资本主义世界，因为它不允许也不能带来任何经济收益——文化习俗显示了在家中或假期里上演的无私和非功利性的关心，在家会比在外投入更多的感情而非公事公办。目前在《通用字典》中，"礼物"一词仍然贯穿着个人计算和自我利益，它提出了不完全分离的中间状态的症状，鱼龙混杂的各种动机，（从经济角度看）在自己没有权利时提出非法要求。经济胁迫断裂后，要找寻赠予的表达方式，于是预设了对个人利益的否定，而要寻求的正是个人利益，在高度重视个人纪律和距离的经济社会关系中的各个方面都是如此。道德禁忌和伦理原则确保了生活各方面的私人利益不会像并未产生的经济规则一样被掩盖，或者至少，它必须考虑社会不满和互动危机。超越必要性，利他主义是主导原则。这一原则被提升为重要的美德，或理想状况下的"文雅交际"（Schindler，

1985：203），不过显然不能排除仍然存在不诚实意图的假设。被迫通过礼物做某件事的怀疑仍然存在。功利主义动机的投影归属催生了这种怀疑，证实了守护自由王国的边界脆弱而值得怀疑的特征。

资本主义崛起，带有后传统思想和普世道德观的制度成型，文化习俗虚拟自主化。在此背景之下，关于馈赠的话语失去了对社会理论的意义也在意料之中，虽然在人们的日常生活中，甚至在经济层面，依然充满了礼物赠送（比如，自愿给予或父辈仁慈的表现）。人们依然依赖一种既有的互动模式，但是科学并不对此有一丝一毫的深入兴趣，除非是要用它来为传统和习俗中的黑暗作反面教材。

简而言之，我们还能区分贯穿"近代"馈赠历史的三种叙述形式：纲领性的排除和臭名昭著的经济学沉默；对慈善和感恩的颂赞以及对在道德理论中寻找后果的蔑视；符号权力话语，它使古老的动机得以存留。

从资本主义市场语境下的私人财产角度来看，馈赠被当作一种经济性的辐射活动。亚当·斯密的《国富论》的基础就是——如果每个个体都遵从自己的利益驱使，集体运作将是最佳状态——馈赠的经济行为只是一种策略性的个人利益工具化，已经不再是一种社会动机或道德上的传统观念。作为一个社会机体仍然要依赖于与他人配合，个体"如果能让别人对自己有利的东西感兴趣，就更容易胜出，要让别人觉得你要求他们那么做是为了他们好"（Smith，1961［1776］：18）。严格的工具性推理，决定了经济主体的行为，省略了只参与一宗交换的个体，系统地让个人身份和文化需求噤声。我们不能期待屠夫、酿酒师和面包师的恩惠——赐予我们晚餐，我们得满足他们的利益。礼物的焦点在于它不是为了私利和利用，所以不能被划分到经济类。资产阶级当然必须学会不把经济行为的准则置于生活的其他方面，要允许道德占有正当领域，在此领域，利己主义的算计是一个禁忌。

但是资本主义社会化的动态性要如何在现实生活中去检验呢？内在于经济行为规范的受习惯支配的行为如何得到约束？如何阻止功利主义道德中的内在规范流向文化层面？这个问题是由经济和文化、私人利益和伦理规范的分离产生的。一开始，道德哲学和政治理论要为其负责，如今这个问题依然带着一贯的力量，正如我们在哈贝马斯的"生活中的殖民化"这一关键概念中看到的那样。市场社会中固有的毁灭倾向会长期阻碍稳定的社会综合社区的出现，这种恐惧对于资产阶级社会的批评者和拥护者来说都十分熟悉。为了控制经济理性通过非经济的伦理原则和社会教条来形成大范围的破坏，人们长久以来已经付出很多努力，从卢梭早期尝试通过民间宗教的先验要求保全积极的政治共同体，到涂尔干学派的社会道德凝聚力的理论立足，从宪政理论的目标即用政治干预检验市场的操控力量，到最近，勾画出一个规范的民间社会的实质概念。

为解决这个问题，团结和义务、公共福利和集体责任导向都必须稳定下来，对抗主导的私人利益结构。曾经定义馈赠和接受的社会道德主题，现在似乎在演化。慈善和感激现在是最受欢迎的话题，因为当中含有义务的道德词汇，独立于宗教一体化社区的传统。亚当·斯密本人，无情地将所有为了恩惠而卑躬屈膝的奉承排除在经济层面之外，他根本不相信那只"看不见的手"，也不相信他的文化理论中以自我为中心的计算，他为自己的经济活动模式设置了明确的道德界线。于是，《道德情操论》（*The Theory of Moral Sentiments*）将道德判断的基础设为自然而然的"同情"，人们因其而分享彼此的感受，同时也懂得对方的分享。道德判断的决疑论（casuistics）遵循一个简单的模式（Smith，1976［1759］）。作为一个观察者，如果我对他人的动机感同身受，认为自己遇到类似的情况也会做出相同的举动，我便判断别人的行为是正确的（或相比而言是错误的）；如果我能感受到对该行为影响的可能反应——首先，是感激——是正当的，我便认为这一行为是值得赞扬的（或相比而言是需要谴责的）。如果没有发生同理反应，那么理所当然，这一行为便不被允许。

亚当·斯密，带着对"同情"的重视，似乎加入到接受角色分工的行列中了，角色分工是交际理论的核心社会心理学理论。亚当·斯密所说的"同情"是指，能够在追求个人目标时站在别人的角度和合法利益之上。"一般他者"（the general other）在这里出现了，以"不相干的观察者"为形式，作为内在的道德权威，衡量我自己的行为，并且我的自私动机的限度也受其影响。同情已分化为各种个人利益的社会规范的黏合剂，它不仅通过推广责任感和身份行为来建立社会纽带，还在社会交往中培育亲密感情。然而，同情最要显示的根本价值是"仁慈"和"感激"。斯密认为，因为慈悲，才有以道德善良为目的的个人自愿贡献；感激，则是一种强迫我们用善良回敬善良的感觉。"慈悲的所有职责中，感激，让我们所做的最接近于所谓的完美和完全的义务。"（Smith，1976：156）对义务的强调与环境的脆弱显然是相连的，在此条件下慈善是一种出于道德要求的行为过程。并不是我心怀感激这件事，我为什么要仁慈才是决定性的问题。这个问题并不能单靠同情和类似的道德手段解决。

在康德阐述的一般原则下，在道德情感理论中作为完全义务出现的内容变成了"神圣职责"。慷慨、善举、感激和同情都是对他人职责的核心，与致力于个人完善和他人幸福的原则一致。对康德来说，感情是伦理行为的结果而非基础，良性职责的概念是按照固有的强制性范畴，对个人强行决定的。感激是"因为他人对我们所做的善举而产生的尊敬"，不是对感情的回馈，而是对益处的回应；这是一种特殊的甚至是"神圣"的职责，因为如果违背它，就可能"在原则上毁灭善行的道德动机"。"如果相应义务不能完全符合义务履行，那么道德对象就是神圣的。"（Kant，1964［1797］：123）与斯密相反，康德清楚地指出存在的高低之分，受益者可以发现自己并非"第一受益者"，但是他还是会强调这一义务的道德价值。一定意义上，受益不该被当作一种负担，而该当成一次对慈善事业中普世道德的培养。当然，无法对一次善举做出完全的回应并不是说受益者就不再负有任何互惠的责任。相反，义务的深度取决于受益人所受的好处和好处赋予他的无私。"最低程度是对施惠者报以相同程度的服务。"（ibid.，124）

与仁慈和感恩的义务一致的高度道德价值不仅反映了对卑鄙和恶习的彻底否认和唾弃（Kant，1964：317），还反映了行为的合法化规则的实证问题，从这两个方面来说，这些问题都不再与实际动机相符合。仁慈与个人掌握和拥有的利益相冲突，所以需要有特殊的动机，用强有力的方式来约束个人。感激的义务与实际所产生的社会不对等相冲突，破坏了自尊和社会认同的互惠模式。

当明摆的事实要求正义时，它已经不复存在了。仁慈和感激确实清晰地屹立在彼此冲突的各种规范之上，但是对它们赞扬却显得不合时宜。虽然道德理论所说的义务想要反对"吝啬"和"无良"的现实，它绝不是没得到一点普及，但它无意间造成了一种影响，即实证主义对象倾向于避免受惠。"我们尽可能避免索取和从他人那里得到恩惠。你很少能碰到那种迟早会考虑回报小恩惠的人，这就触怒了关系中的平衡，带走了自由，阻碍了不受限制的选择"，所以最好"总是给予，服务他人，而非从他人那里得到恩惠"

（Knigge，1977［1788］：42）。① 这种回避行为保留了主体的独立自主。通过否认给予和收受这一循环，个人逃脱了那些神圣职责的要求，而他们对其存在心知肚明。因为只有明知义务存在的人才有理由去逃避它。

因此，道德理论话语将本想保护的置于危险之中。人们可以将仁慈和感激誉为美德，但同时也能从中逃脱。对道德义务的感知显示了它的影响力。对强制义务的意识让人讨厌职责，并更加确定一个想法，即人们对自尊有所亏欠。只有在感激通过自由意志付诸实践，并与资产阶级主体的个人理想和解以后，才能完全确定其社会特征和情感特征。

第三种主宰现代社会馈赠的叙述形式是权力、暴力和破坏。它从古老的动机中寻找到支持，其起点是夸富宴模式。乔治·巴塔耶的非生产性理论属于此类②，对巴塔耶而言，赠予意味着通过损失获得权力。不是和解、联盟和互惠，而是不服输的模式形成了话语的核心，它寻求与交换、功用性和周期性的彻底决裂。③ 道德理论话语赞扬善举，将受益人的债务当作职责，与之不同，这种叙述形式主要显示在馈赠者的意识和馈赠行为的权力效果中。这里，馈赠同样还是一种社会分化的手法，多亏了符号暴力，这种社会习俗，本质上有利于符号资本的积累，符号资本作为决定性的权力资源，允许公共认证的等级的建立。在此背景下，侵犯显示了作为一种似乎不可避免的本体论"事实"的面孔。馈赠，最有效的形式是侵犯——它是符号暴力。

在此条件下，萨特（Jean-Paul Sartre）占据了与生存经验领域的特殊位置。在他看来，礼物和慷慨同样也是破坏的一种原始形式，扮演了暴力——并非偶然——这是巴塔耶的献祭理论的内涵。在《存在与虚无》中，萨特写道：

> 有时，一些人疯狂地想要给予，这首先是一种对破坏的狂热，这等同于某种程度的疯狂，一种会将对象粉碎的"爱"。但是慷慨的最低程

---

① 克尼格（Knigge）也将感激称作"最神圣的美德之一"，并毫不犹豫地认为任何人在给予和收受的圈子里也必须提供东西。他特别用心研究的是回避行为，提议只给予不收受，他将此情况放到一系列社会学角度的行为规则中（Knigge，1977：104f.）。

② 用托斯丹·凡勃伦（Thorstein Veblen）的《有闲阶级论》（*Theory of the Leisure Class*，1970）取代巴塔耶对经济的否认肯定会非常有趣，但是他对奢侈无可替代的批评并不仅仅基于对工作和生产的利用原则的评价。西奥多·阿多诺（Theodor Adorno，1983：79f.）将之贬为文化的小气代表；见维恩（Veyne，1992）。

③ 让·鲍德里亚（Jean Baudrillard，1993）和雅克·德里达（Jackques Derrida，1993）也反映了这一基本方法。

度的破坏狂热也就是对占有的狂热。我所放弃的一切，我所给予的一切，我通过将它送走的行为，享受到一种更高的乐趣。赠予是一种深刻的、简单的享乐，几近性爱。赠予就是享受对给出的东西的占有性；这是一种专门破坏的行为。但与此同时，礼物给了接受者一份任务，要求他再度创新，要求他通过不断创造这一丁点已经不再想要的自我保持存在。我刚才所有的这一丁点自我已经湮灭，最终只剩一个影像。赠予就是奴化。(Sartre, 1957 [1943]: 594)

艺术和哲学有权在可选择的传统形式中，将有效传统知识储存在丰富的动态形式下。无论如何，这就是动机存在的方式，它们保存了交流知识的张力。但是与非生产性支出理论不同，萨特学派像赌博一般排除了馈赠与接受之间的典型矛盾：他们只强调破坏的那一刻，系统地否认了文化要求的过度行为的变化。只需要回忆一下，慷慨可能是通过最为多变的方式获得动机和展现的，我们就能看到，至少从社会学角度看，主要压力很少能放到奴化的赠予上。萨特学派支持怀疑文化，在文化中，礼物是一种让人尴尬的欲望，要尽量避免，因为它可能会导致接受者成为受害者。

初看这些结果——沉默、感激的职责、侵犯——它们显得格外扑朔迷离。但是将这三种叙述方式联系在一起是有意无意地对志愿馈赠抹黑，站在财产所有者的角度，它是一种经济上不合理的行为，这是会影响潜在接受者自尊的一种冒险情景。经济学家必然的沉默和对责任的响亮赞誉相当，这赞誉是针对善举而非馈赠的，而暴力的本体论代表着一种过滤，其基本思想是怀疑慷慨，回避礼物。

防御性逐渐从这些文章边角处渗透进来。即使拥有所有的证据，一个产生社会性的实践已经失去了理论话语权。只有通过与各种文化无法连接的距离，民族学才可能有望唤回其他时代和历史。与此同时，一种交互的生命形式在资产阶级的馈赠文化中存活下来了，它通过与社会层面的决裂，从经济强制中获得自由；通过灵活的互动知识储备，从传统束缚中获得自由。馈赠从公众层面被当作腐败和私利而被勒令禁止，但它继续在私人领域施展魔力。也许馈赠的魔力实际上是基于一种古老且悖论性的形式特性，这种特性仍然连在一起，不过我们的内心必然希望将之分开。当个人感觉和物质利益、个人意愿和道德倾向有着千丝万缕的联系时，片面的描述——不管是彻底的功利主义还是富有同情心的利他主义——最多只能欺骗他们自己而已。

第四部分 道德与社会

　　我们正在忘记如何馈赠。背离交换原则是没有意义的，也是不切实际的。无论在哪里，即使是孩童都投予馈赠者怀疑的眼光，似乎礼物只是一种为了卖给他们牙刷或肥皂的小把戏。同时，我们有慈善机构、慈善人士以及扶贫计划，在这些组织的运行中，毫无一丝人类冲动的念头。确实，通过分发、分配，礼物一定是伴随不耻而来的，简而言之，就是把接受者当作一个物体。即使是私人之间的赠礼，也演变成了一种社会功能，它通过理性勉强、精心预算、对他人持怀疑评断和一切尽可能的方式来实现。真正意义上的赠礼乐趣在于想象接受者收到礼物的愉悦。这意味着把他人作为主体（即消遣的反面）进行挑选，并颇费心思地筹备。仅是这一点，现在几乎无人可以做到。(Adorno，1974：42)

　　在此，阿多诺主要考虑实用主义的工具还原，承认礼物作为资本主义社会化附属元素必然存在。然而，或者正因为此，这种东山再起的互动形式言论，可能会引起刺激反应。我们怎么解释礼品经济在当今符号人际社会中的突出地位？难道它真的仅仅只是对古代主题和传统模式的深入回应，就像是一场以互动形式上演的不合时宜的间奏曲表演，这种形式长久以来仅是苍白的踪迹？抑或是一种另类文明的轮廓，它可能逐渐变得清晰明朗，成为人与人之间或者人与物之间的一种新型关系？

　　在论证的最末部分，我想采用当今现实生活中一些精炼浓缩的社会评判，将之作为一个基本原理来检验现代社会进程中的矛盾时刻。目的是进一步支撑此观点，文明组织方式的根本转变可能即将发生。这种首创性的关键词是去传统化和个性化，指导方针和基本规范的假设是个性化过程本身能够释放出来，或者至少维持状态。一个社会的道德潜力以相当不同的角度阐明了这一发展带来的社会一体化困境，即破坏团结、丧失责任感、疏远亲密关系以及主观性膨胀所导致的自我毁灭。

10. 个性化与公共福利

金钱和权力是必要手段，但并非是构建良性社会的恰当方式。

——罗伯特·贝拉

如今，任何考察现代社会道德经济的人，很快就会面临困境——要么被无休止的文化批评言论吞没，要么被贴上愤世嫉俗的标签，并被认为把必须做的事说成出于好心，从道德败坏的语义中征服文明。凶残排外的纵火犯，贪污腐败的政治要员，每天向目瞪口呆的公众展示个人利益最大化的权力的再度私有化，规范性义务和制度化绑定的淡化，社会封闭的大趋势（Parkin，1983）。在物质利益与符号利益的激烈竞争中，社会保护主义被视为宏图伟略，所有这些现象都表明了社会团结和合法性消失殆尽，并且社会整合资源在 20 世纪末也已被耗尽。

社会理论的评判持如下观点：在自由资本主义市场基础之上的规范、道德、文化，它们可以长时间无可非议地存在，是由于系统需要对实际生活进行渗透。事实上，社会越来越依赖前现代的"意义与责任制"，这种制度既不能复苏经济活力，完善政治体制，又不能用制度替代（Dubiel，1991：126）。相反，社会化逻辑已辅助文化模式进行突破，这类模式在资本主义社会早期似乎局限于经济学领域，但是目前，因为市场理性以功利主义道德形式大量涌入，此类模式在社会各个领域随处可见。对旧式经济和文化观念的突破，作为两个互补的领域，并不意味着资本主义社会价值体系的完结，相反，它是取得胜利的象征。

与新保守主义文化批评反复强调的观点不同，我们面临的不是资本主义社会的结束，而是一系列影响自我关系、社会整合和政治管理的特殊危机。当市场范围内的行为理性扩大，并不再受非市场文化资源的控制时，此类危机就会显现。（ibid.，129）

根据尤尔根·哈贝马斯的说法：

> 在城市中心，我们可以看到一个社会交际的轮廓，该社会交际无表
> 达形式差异，但具备个性化生活方式特征，在这个"文化社会"，你无
> 法辨别，在此所反映的是否都是商业和选举方面的权力滥用，是否私有
> 大众文化正从语义上消失——又或者这是 1789 年思想观念初次成熟的
> 回响？（Habermas，1989：465）

这种新型社会现象被标记为"新朦胧性（社会）""新随机性（社会）"
"文化社会""风险社会"，或者是"后现代社会""后工业社会"，此类现象
都是建立在不断多元化的西方资本主义社会的典型生活方式基础之上的，而
不是徒有其名。这种社会化模式预想了制度化生活模式中的主要切口与分
支，一方面，由于不断地去传统化（特别是冲击等级文化中稳定的社会主义
和集体生活方式），另一方面则是，集中表现在工作、职业和家庭等方面的
地位不久以前还确定稳妥，现在却失去了塑造的权力。

乌尔里克·贝克（Ulrich Beck）持个性化的二次时代推进观念，专注
研究现代化社会结构以及社会文化影响。"关于永久劣势的缺点，个体必须
学会把他们自己当作行动中心或计划部门，为自己的生活、能力、方向、协
作等出谋划策。"（Beck，1996［1993］：217；1992［1986］：92）在这篇文
章中，个性化不是意味着重建以自由和财富为核心的旧的自由资本主义观
念。个体从资本主义社会建立的社会传统、侵蚀的生活环境以及与阶级文化
紧紧相连的家庭形式和职业中解放出来，是不平衡的。正如之前的情况也一
样，伴随各种社会变化总会产生新的阶级和团体。[①] 在传统标准中，不平等
相当重要（如教育、工作、收入等方面的不平等），现在它们开始变得越来
越模糊，日常生活中集体身份不再有区别，这似乎与社会结构、阶级地位相
对应。完全依赖于市场和政府，大多社会命运变成了个人命运。悖论的是，
出现了个体和社会新的即时性，即危机和疾病的直接联系。社会危机显现为
个人危机，不再（或仅仅隐晦地）植根在社会领域。

---

① 霍宁和密歇罗（Hörning and Michailow，1990）采纳洛克伍德（Lockwood）的系统一体化
和社会一体化之间的差异，发现了不同实践之间日益加深的裂痕，这些实践牵涉系统一体化和社会
一体化这两种形式，说明有时候对贝克论点的激烈反应是有一定逻辑的。对于他来说，西格哈德·
内克尔（Sighard Neckel，1989）在个性化理论和仍旧从阶级理论衍生出的阶层之间的辩论中，做出
了一些重要的澄清。

生活机会的社会归属是无节制推进的，与社会不平等一起突出再现（Berger，1989，1990）。但是，仿佛那句俗语——"生活由你去创造"，已经成为在坚硬外壳束缚下生存的唯一主观现实准则。

如今结构变化被认为是本质上的主流文化，这一事实与实证对象的表现行为和反应模式关系密切。个性化社会将特殊价值推到了令人目眩的新高度。不管是艺术、文学和政治，还是人们的日常活动，都可以清楚地看到合法存在及合理表达的文化单一性越来越弱，符号多元性正在起质疑作用。出名意味着第一重要的是可见度，用聪明独特的方式表现自己的存在，并直接反对他人。此时的重要元素是审时度势和洞察力，严明的纪律和身体自控力。

在外在表现凸显个人存在方面的不断努力，在个人外在所花费的时间、精力和金钱，都不能简单地将其理解为时尚、媒体和差异化的杰作。当然，在这些主观阶段，对商品的盲目崇拜达到了顶点，伴随着这些迹象出现的意识流歌曲是高额利润的来源。广告业告诉我们每天最能刺激感官、最能表现个性和男子气概的有效方式是什么，或者人所需要的东西是什么。但是这些行为上的商业需求也表明人们意识到这样一个事实，个体的身份不再是想要就能得到的，它由主观命运、好运气和自我表现能力共同促成，因此成功的身份政治成为激烈的社会优势竞争中的必要条件。

身份政治、印象管理和市场个性化是一体的。但是仅从"市场个性化"角度研究这个过程则会显得太过简单而不易操作。因为现代个体性重塑也被合理的个人观念和主观意象的巨大变化推动和支持着。从象征人物俄狄浦斯（Oedipus）到纳西塞斯（Narcissus）的转变表明了方向，不论怎样，它可能为文化批评所利用。然而莱昂内尔·特里林（Lionel Trilling）在他非凡的资产阶级身份模式的研究中，追溯了从真实（通过原则力量和履行职责塑造身份）到本真性（authenticity）（通过感官即时性和经验特征传授身份）的路径，经验主义者似乎已经放弃了对真正自我的徒劳探索，开始转移到"功能自我"的追求中（Neckel，1991：174）。在肮脏的小地方，经常危及自我，现在主权自我的主张在推进，个人可以充分抓住机会，不再害怕低人一等。"反身个性的潜力是注意到可能条件"，内克尔（Neckel）说："在自己的行为定向方面努力把自我发展和团结结合起来。"在经济和社会竞争压力下，分成罗伯特·贝拉（Robert Bellah）和同事所描述的两部分"表现型个人主义"和"功利个人主义"（Bellah et al.，1985：27，142ff）。二者的共同点是在个人之外，它们几乎不能辨别任何规范行为。自我中心的衡量以及对满足的无止境欲望，将相互作用的道德主张看作对私人利益追求的阻碍。

　　社会现象复杂多样，从自助辅导文学的繁荣到疗法形式的变革，再从个人形象的广而告之到鲁莽且自以为是的自我推销，二者都轻松地适应了这种解释模型。然而这种强烈的自恋行为，惹眼的极端表现以及受压抑的个体与个人利益契合，却可能不是当代社会的主要特点。对个性化过程的片面解释会系统地降低个人自由的可能性。如果个体用日常实践中可掌握的方式，将结构强制并入他们的生活参照世界，由于结构上的行为强制要求，主观选择也可能增加。倘若原本对立的动力，即西方资本主义社会的去传统化和个性化被过度草率地定性为对团结一致与集体责任的腐蚀，那人们不仅会忽略掉彼此矛盾的效果，兴许也会忽略"文明的普遍成果"（Ziehe, 1992：102）。如今这一普遍成果也与逐步成熟的生活行为个性化和生活方式多元化有着密切的关系。

　　针对这一系列问题，我们不难理解为何德国举办的社群主义讨论会引起广泛共鸣。[①] 这场讨论完全聚焦于现代社会的道德建立问题。各种理论策略与理论方向聚集在社群主义麾下，不只对涉及人类生活世界独特价值规范的自由主义持批判态度，还将其资源整合在集体规范化概念之中。

　　阿克塞尔·霍内特（Axel Honneth）关注了与这一变化的观点密切相关的重要转向。在他看来，社群主义者每次都将"道德指向和人际关系对民主社会维系和确保自由制度是否必要"这一问题提上议事日程，而人们的焦点不再是制度的建立，而是非制度的文化环境。如果集体利益值得维护，那么民主共同体必须在此基础上得到保证。第二个转向与社会化主体的生存环境相关，在"有多少个体为着发展和巩固个人身份，仍然依赖共同价值纽带"这一问题上达到顶峰。这个逐渐消失的规范化观点可以看作是"特别共同体"的概念：个体仍旧同社会生存息息相关，人们可以通过特殊角色鉴别身份或是描述身份的具体规范这两种方式实现自我价值。第三个转向与综合问题挂钩——什么样的共同体能满足民主合法化与身份构建功能，同时又不落后于现代社会道德标准？（Honneth 1992：199f.）

---

　　① 参看扎尔曼（Zahlmann, 1992）、霍内特（Honneth, 1993）、布鲁姆利克和布兰克霍斯特（Brumlik and Brunkhost, 1993）对书籍的编辑工作所做的贡献。

　　就理论欲为道德规范提供哲学基础这一问题，接下来将思考从社会角度阐释文化再生产、人格理想和社区建设模式中的一些重大改变，从而将社群主义与现代化社会效应结合的弱化概念区别开来（Bellah et al.，1985）。就这一点而言，现代社会道德经济主要表现为个性化过程本身的社会道德可能性。

　　倘若从这个角度出发，再进行细微的转变，那么社会现实似乎与看重自身利益的功利个人主义相矛盾。一个十分普通的实践与互动模式领域（具有对交换价值、市场逻辑规律系统化违背的一般特征）由此浮出水面，其意义在社会理论中鲜被人关注。① 如果撇开整体理性假定的标准，那么方法论个人主义就会顽固地维护其存在权，并专注于经验主体的行为逻辑，这将导致我们日常的知识在市场与社会关系、等价原则与互惠原则、契约与非契约先决条件中被严格地分化。后者囊括了共同体的"经典价值"：文化知识储备，对关系形式与认可形式进行控制和稳定的规范与价值导向，关爱、友谊、信任、团结、移情与同情、仁爱与牺牲精神——简而言之，就是知识、规范与情感的能力，这些不会将我们的趣味降低为纯策略性的互动。

　　"两个世界"的理论真的激动人心。当然，当它同挑衅性假设相结合，即社会秩序的道德僻壤会因为结构上诱发的个性化过程而被抽干时，而我们也会逐步面临被金钱、权势所掌控的冰冷的社会模式。

　　考察功利个人主义的发源地可以豹窥一斑。8000万美国人，占18岁及以上人口的有45%，他们每周花5个小时甚至更多时间在志愿服务与慈善活动中：加入危机处理中心、人权活动以及非营利组织，组织邻里为老人提供集体、社区服务，建立妇女避难所，组织禁毒活动等。当形式各异的免费服务被货币化，一年将累计超过1500亿美元，这些将意味着什么呢？（Wuthnow，1992：6f）

　　这些数据应当受到重视，因为它们涉及社会化组织的"独立部门"。同样值得考量的还有来自慈善捐赠与赞助的大量收益，以及所有非正式场合私人关系中产生的自由募捐与帮助。另外，大约4.3%的家庭收入（不在少数）被用于家人与朋友的赠礼（参见第二部分）。

　　不幸的是，当前的可比数据对德国不适用——德国的实际情况是（不同

---

　　① 比吉特・曼科普夫（Birgit Mahnkopf，1992）最近对严格的经济实践中的关系网络的重要性产生了关注。

于美国），福利国家资本主义的法人组织出资举办了大部分活动。这里仍然有许多迥异的现象表明集体利益得到强化，而非衰弱。让我们讨论一下迅速蔓延的有理有据的生态危机意识，或者过多的民事抗诉和社会运动。两者从19世纪70年代中期开始，涉事人员多于联邦共和国所有的政党人数总和①，而后所有的大城镇都建有地方备用机构，进行大规模动员以反对右翼暴行，私人主动为战时难民和寻求政治庇护者提供援助。义务援助和慈善活动的经济情况不易量化，但据德国社会事务中心估算，1992年来自捐赠的收益约有40亿德国马克。我们还知道私人礼品交易的重要性在质和量上都提升了，这种互动模式像一根红丝线穿梭于现代社会的日常生活中：它创建并证明了关系，培养了信任，发展了共识，保证了在社会的道德词汇中"慷慨"占有一席之地，尽管该社会在结构上致力于利益最大化。

如果有人反对，认为这种现象最多阐明了传统文化方面的顺应，但传统文化不会影响资本主义社会化的主流逻辑，那么在这点上（不是其他），可以回应为：（1）日常生活的目标都在扩展；（2）它们是由人们在个性化普适经济基础上导演的，或是因为这一重要原因而坚持团结合作、互惠准则和彼此赏识的关系。

在一本很有见地的著作《善意行动》（*Acts of Compassion*）中，理查德·乌斯那（Richard Wuthnow）将"美式悖论"描述为独树一帜的价值取向的明显糅合，既可以在个人身上发现，也可以在相同的个体中得到实践。倘若以下这些研究数据可信，那超过75%的美国人给予团结共处、乐于助人和关心公益事业很高的价值重视，他们视之为自我实现、事业成功和更大的个人自由。人们越强调自我参照值，越是清楚地强调自己与利他规范的相关性。换而言之，往往最为个人主义的，反而最可能重视对他人的帮助。

然而出乎意料的是，功利个人主义促成这一现象，它能将对立的行为模式结合起来（ibid., 79）。在社会上，要有对竞争与对成功的超强适应力，花在这上面的善举、时间、精力以及金钱对自己和他人都必须正当合理。为什么我明知毫无结果也要花费本可以提升幸福的资源呢？时下流行的说法是，因为对他人事务的参与、对他人的兴趣让人获得精神满足，反过来对自我实现也很重要。因为我觉得不错，问心无愧，能交到好友，甚至维持优越

---

① 我在此以在其他地方提出的观点为依据，这些观点与新社会运动的教化作用有关（Berking，1990）。

感，抑或弥补了自卑的经历。这两点对利他主义与利己主义二者如何用文明的方式匹配毫无价值可言，也即是说，在功利主义者们的帮助下，在集体义务规范界定的结果中，用看似无法避免的强制力去验证一个人所作所为的合法性。就叙述结构和自我感知而言，个体不仅对公益事业要承担责任，对他自己也要承担责任。当然，如果一个人通过动态的个性化，考虑到自我指涉世界图景下所启动的无意识结果，个体与整体责任之间的矛盾则失去了部分锋芒。

11. 个人主义的团结

现代性正是立足现场的不可能因素。

——齐格蒙特·鲍曼

让我们来做一个思维小实验。从罗伯特·穆西尔（Robert Musil）那里借用一个概念，来探究社会化形式范围内的"可能性感知"，而对于这种社会化的形式，我将提出"个人主义的团结"这个自相矛盾的术语。这一实验会有助于使实现个人价值与关注公众福利之间浮现的这种纠缠不清的关系变得更加具体。我们不禁会问，是否可能找到实验证据，以证明功利个人主义需要知识和动机来使得个人主义的团结前景广阔？

如果作为现代化的累积效应，以及现代化福利国家的缓解，一种超越"阶级与地位"（Beck，1983）的社会存在形式正在获得现实力量，人们从传统的参照和导向中对个性的释放正在达到一定的深度，这意味着每个个体也要对他自己的身体、各种关系以及他人的形象负责。已改变的主体概念和人格理想，和曾经排他的文化知识的普及一起，正在两个方面塑造这个过程的轮廓。作为受青睐的自我形象，让人们想尽办法去适应，以及作为社会控制的基本制度，在社会的竞争机会中会威胁、损害那些无法遵守的人。这样，自己的利益和他人的利益就立刻变得更敏感，更不稳定。①

我们早就开始面对这些趋势所引发的结果了。由于现今的个性化意味着增长了的主观自由和对市场的完全依赖，表达行为的释放和标准化，更强的自我参照和外部控制，这种外部控制已经扩张到了几乎无法承受的极限。简单地说，这意味着要知晓社交礼仪的每一个层面，如怎样处理行为上自相矛

---

① 对于日常生活的审美和文化的单边拔高，还有馈赠的增加，可以解释为个人空间里日益增长的压力，以适应经验的强化和更加开放的环境。从例行程序和乏味无聊的非常规表现中脱离出来——例如，芬克尔斯坦（Finkelstein）对"下馆子（外出就餐）"的分析（1989）——比之前具有更重要的意义，而且几乎没有任何实践能在这方面和馈赠的重要品质相比。

盾的需求；怎样控制自己的情感并且表现得"自然"；怎样利用各种非正式机会来观察学习各种规矩习俗；怎样寻求确定性并且，如果可能的话，摆脱受制于人的局面。

无论个性化是被强调为"制度化的预期行为"还是"传记式的自我诠释"，是"象征性的自我归因"还是"主体间的自我需求"（Ziehe，1992：102f.），在每种情形下都期待人们拥有认知、社交和情感的能力，这些能力——根据该论点我们现在应当考虑——迫使他们建立和巩固与自己的自反关系。在相同的路径中理所当然的生活方式越来越少了。今天任何结了婚的人都能够而且必须知道他们为什么要选择一种特殊形式的关系，他们也能够而且必须知道这样一种关系纽带可能只是暂时的、幸福的，也可能是灾难性的。不是"某个人"，而是每个人都被引领着去编写自己的人生脚本，去考察自己的社会定位图，去"导演"他们自己的人生故事和个性品质（Hitzler，1991，1993），尽管起初他们没有任何基本的资源。文化知识的储备不仅是宽泛的，而且还被转换成一个自我反思的实践测试。

长期以来，信奉一个人的内在可塑性一直是普遍存在的思维，并且其现在采取了前所未有的强制辩护——我的效能、我的外表、我的情欲、我的心理构造——无论何时几乎没有哪一样表达能不被这个逻辑吸进去（Ziehe，1989：20）。事实上，这些辩护压力现在似乎要将它们自身呈现为我们散漫秩序的核心。自我申辩是个人建立的，是用以对抗符号的偶然性和多义性的堤坝。无论找出何种理由作借口——日常生活中的一般心理活动是自反性增强后再回归文化资源的重要案例——话语动机和理由于强迫显得如此必然。主要是因为，对于自我和他我，它们首先唤起意义，在此基础上，该情境的一般定义得以建立。

这种内在信奉的可塑性与外在需求紧密相关——健康、美丽、自然、优雅——个人必须通过汗水来获得这些品质，并且在自己的身体上展现出来。这种工作不知疲倦地作为自己的一种展现来完成——自己被审问，被批判，被拿来与文化规范和理想作比较，这一工作同样也是不知疲倦的。自我参照和外部感知，表达行为和交际能力，跟随着文化正常化，并且被赋予了必要的大量社会心理学知识。同时，加强这些文化规范并且承诺主观慰藉，大量的自助和辅导文学为每一个可想象的情境提供成本低廉的专家建议。

然而，主权自我最终带着从危险的现代化进程中获取慰藉的梦想，不折不扣地遵循着这个建议。但是情况就是如此，即与自身的自反关系提供了非常激励人心的资源，基于此，建立了认知和道德上的少数族群文明成就，以及后传统社群的建设形式（Berkingand and Neckel，1990；Michailow，1993），今天也仍然如此。[①]

与自身的自反关系产生了更进一步的矛盾作用。它们为工具性心理的传播保驾护航，把工具性的使用权扩展到自己以及他人，还支持一种内心活动的程序，这种内心活动可被解释为对情感进行管理的文化约束。

情感通过在互动中表达出来而进入图式，进而被自我和他我所感知、控制和评价。在此，情感与表达的连接可能是直接且自发的，或者它可能经历内心活动程序的重大转变，或者可能通过策略导向被完全地否定，以致不经过任何沉思就被表达出来。我所表现出的需要理解的东西不一定要与我的内在体验相符。但是任何发现自己能克服痛苦的人，或者动辄愤怒的人，都会根据伴随而来的制裁和压力来得到相关回报。强加在文明史上的自我控制机制和情感约束，越来越使人们之间彼此疏离，使得羞愧和尴尬的阈限更加脆弱，并且不可避免地加剧了"强大超我压力下的内心焦虑"（Elias，1993：521）——以一种隐秘的方式与"面子功夫"相对，通过它，自尊和镇定，荣誉和价值都得到证明并且得到社会的奖励（Goffman，1972：5ff.）。因此，自我展现牵涉到情感评价模式和文化规范两者，以便定义恰当的表达行为。对一种情感的评价常常与相应的情绪同时出现（Hochschild，1983：156f.）。我感觉愤怒在内心膨胀，我几乎立刻就知道，一旦我做出反应，我就错了。我感觉到愤怒，觉得这很不舒服。情感评价是一般的"情感规则"在特定情境中的应用（ibid.，65f），是这样一种反应，它使内心活动程序准备就绪，用战略意义修饰有意地表达倾向。我将控制我的恐惧，隐藏我的喜悦，这样我就能延续这种互动的顺序。要怀着更镇定和更平静的情绪，这才不辜负我的形象。

所有的情感管理都与表情有关。情感管理也总是表情的控制，要么让身体表现出各种情感，要么（如果令人不愉快的话）让身体掩饰各种情感。正

---

① 阿克塞尔·霍内特（Axel Honneth），从黑格尔争取认可的数据出发，试图从社会学理论说清冲突的道德语法这项艰难的任务。他区分出了三种被认可的形式，而如果一个人是按自主的而且个性化的方式被说服，这种认可似乎就是不可或缺的。爱，通过自信来实现成长；正义，自尊建立于其上；社会尊严，使个人尊严在价值共同体的综合环境中的存在变得可能。根据这种分析，后传统社会是一种建构，在这个建构中，团结一致是与个性化主体和自主的主体之间的对称、尊严的社会关系相关联的（Honneth，1995：171f）。

是这种与情感的工具性接触进一步提高了需求的水平和互动的能力，因为它让正当表情的建立被认为是一个主观的成就，并且任何失败都将直接归因于主观能力不足。任何错误地表达自己的人不仅知道他无法做自己想做的事，并且别人也知道情况就是这样。

要抗拒情感操控的诱惑是很难的，一个姿势或者真实的主观努力至少要包含可信的显露，而不是指责它们达不到目标。尽管如此，这种形式的工具性心态还蕴含着认可的关系；主观努力去"假装这样做"，也可被解读为特意去迎合他人的尊敬和认可。阿莉·霍克希尔德（Arlie Hochschild，1983：76）这样写道，"看到强光让眼泪闪闪发亮是致敬的标志，一种对宣泄悲伤的人表达敬意的方式。更通俗地说，它是一种对致敬规则表达敬意的方式。"这种将悲痛与泪水联系在一起的古老互动形式，似乎仍然具有很大的震撼力。但是它不再是行为程序的仪式稳定问题。事实是，交互知识本身要么给予这种力量，要么拒绝这种力量。

自反性自我参照、工具性心态和交互知识相互作用，相互影响并达到极致，造成一个大致的"表达困境"（Haferland，1988：43），这种困境可能损害交际主体间信任的前提。例如，如果我知道你知道我知道怎样赞美和感谢别人，而你可能认为我这样做，仅仅是因为我知道人们在特定场合就是这么做的，我不能排除你这种想法的可能性。我非常清楚你知道我知道你可能会有的猜测，所以我试着让你相信我是认真的。因此我知道你可能把我想要证明自己是认真的企图，看作是假装一本正经的表演而已，正是因为我知道……尽管我的努力成功了，这种困境的一部分仍然延续着。因为我不仅知道怎样真诚地表达赞赏的态度，还知道如果别人真诚地对我表达赞赏之情，我必须表示感谢。但是如果我表达感谢仅仅是因为我知道要这样做，我就绝对只会按照惯例而不是按照真诚的需求：我将只在我真正觉得感激的时候表示感谢。根据哈弗兰德（Haferland），出现这个问题是因为我的知识让我的表达行为的即时性错过时机了。"要分辨出我自己是否不是在假装这种即时性，对我来说太困难了。因为我已经知道我必须表达得够即时。"（ibid.，45f）自发性，个人真诚最强有力也最具文化价值的证据之一，因此作为工具性用途的一个可选项而被重新引入。在交流沟通的中心位置，人们会发现他们自己被各种偶然性包围着，这些偶然性要求他们表现出极其矫揉造作的认可关系建构，不能再无条件地依赖自我验证的表达行为。

当资产阶级道德意识出现的早些时候，当阿谀奉承文化的神秘魅力从来都如影随形的时候，大家都认为，演得越多的人越文明，越有修养；他们根本不用欺骗别人就能一直佯装下去。

> 总之，我们称为礼节（礼仪）……的所有东西只是一个美丽的幻象。礼貌（礼让）是逐渐灌输喜爱之情的亲切情感的一种外在表现。行鞠躬礼并且右脚擦地后退（问候致敬）以及一切温文儒雅的殷勤，和对友谊最热情的言辞确证，这些都不总是完全真诚的。亚里士多德说道："我亲爱的朋友，这世上没有什么朋友不朋友的。"但是这些礼貌的展示并不会造成欺骗，因为每个人都知道他们应该怎样做，尤其因为美好祝愿和诚意尊敬的标志出现时，尽管最初是空泛的，也会逐渐引向这样的处理方式。

> 每一项人类美德在流通中都只是"小额零钱"，只有孩子才把它当作"真金"。然而，就算流通一点零钱，也总比什么都没有要好。最终，它们能被转化为真正的金币，虽然折扣相当大。将它们仅仅当作比毫无价值稍高一筹，就像喜好讽刺的斯威夫特（Swift）说的那样："诚实就是在尘土里穿破的一双鞋"……为了阻止人们相信美德，所有这些都被归于对人性所犯的叛逆罪行。甚至别人美善的外表对我们都一定有价值，因为从长远来看，这样带有矫饰伪装以获得诚意尊敬的表演，能产生某些重要的东西，即使他们不值得拥有这样的诚意尊敬。（Kant，1978［1798］：39）

伊曼努尔·康德（Immanuel Kant）也埋怨，有时候这种阿谀奉承是"对文明行为的过度要求"，他把这一矫饰伪装的游戏从轻率的欺骗指控中解救了出来，并且坚称，作为一种决定性的触发机制，它最终能为"真实的"社会关系铺平道路。然而，对资本主义社会的礼仪规矩和习俗惯例的批判从一开始便加深了对这一结论的怀疑，即人类接触交流的形式不过是些空架子而已，这些空架子背后隐藏着冷漠无情，以及最糟糕的战略利益。当然，这样的观点看不到认可早已包含在"假装这样做"的每一份主观努力中。但是对"社区界限"的观点，或对一切缺乏乌托邦内容的礼貌形式的论点，与"无情的诚意道德"（Plessner，1924：98）比起来，都难免显得苍白无力。而这"无情的诚意道德"在个人表达行为与真实的规范相融合之时，便开始凯旋。当个人对他们自己的诚意规范开始丧失信心，而且在这一矫饰伪装的游戏之外不再有任何安全感的时候，工具性心理的发展便成为对前景构建稳定预期的唯一可能基础。

与自身的自反性关系，工具性态度的传播，交互知识所引起的真实性和真诚性的松散证明——这些是保守的文化批评家们在论证经过尝试的文明典范已经被人们行为的个性化引到灾难性的结局时，所运用的三个主要参照概念。自由，外加那一丁点儿集体责任感，对那些察觉到了个性化生活方式对社会秩序有威胁的人来说，是关系重大的结合体。而在这种个性化的生活方式中，战略互动占主导地位，并且自身利益似乎是人们如何表现的唯一可靠指南。然而，另一种截然相反的解读至少也是合理的。

对亲密性和确定性的永恒诉求（Ziehe 1989），文化策略和美学策略的强化，自我参照的技巧和对自身处境的超级感应，自反潜力的普遍内驱力：所有这些有助于确保这些潜力在对重要他人的感知和情感责任中，都会有所反映。对自己的生活拥有更多的主权，对自身利益越来越多地关注，对亲密的个人关系、与他人的交往以及生活中的小事（假设很美好）都更加关切。当然会有很多的提示，即功利个人主义也还处于促使其发挥作用的情绪丛的控制之下。

然而，关于社会融合和集体责任，没有什么是以这种方式决定的。因为如果制度秩序的绑定框架变得越来越弱，而且它的行为预期本身被卷入"自反性现代化"（Beck，1996：40f）的觉醒，我们会发现我们自己所支持部分的标准效验图式。可以说，我们将会有高度一体化、道德上过于热门的社会氛围。而社会氛围的亲近性不断下降，会导致人际冷漠不断增长。

除了将会成为形式上的文明成就这个事实，至少经验性的主体可能炮制出与他人相处的方式，这种方式使得对差异的认可变成一般性的准则，通过自反性自我参照构成的人格理想也包含对于普遍性和集体责任必不可少的道德取向。

安东尼·吉登斯（Anthony Giddens）将"生活政治"的特征描述为关注身体健康、性行为等自我参照的实践，并且将之与1970年前一直占主导地位的解放的政治形式相区别。前者与压力和需求相斗争，这些压力和需求与传统和不正当的控制、支配紧密相连；而后者将世界图景和政治实践重点集中在自反性自我上，这种自反性自我从它本身的身份建构以及自我实现的目标的角度来寻求社会变革，其象征性特点是它能随时借助全球视野的帮助来避利避害（Giddens，1991：241f）。如果我知道热带雨林或者汽车运输对我的健康有什么意义；如果我知道爱情与友情、移情与同情很可能会有什么作用；如果我将权力归因于自然，并认识到捍卫那些权力是我的职责，这样的话——忽略任何功利性的动机——那些还未过于草率地限制到我自己的价值共同体的，更广泛的团结一致将会起作用。我们社会的道德经济，或者如其所是，在今天越来越向着高度个性化的个人的主观生态转移。① 以主观为中心的世界图景拥有这种规范化力量，正是因为它们似乎无条件地自我参照。它们根本不考虑市场的理性逻辑，因为从中不可能获得与"自我实现"系统相关的稳定的关系准则。最终，互惠准则构成了建构共同体新准则的核心，而在共同体建构中不光是社会关系，还有自我与自然之间的关系，根据认可原理也被重新定义了。自我的实现要求（或者更通俗地说），如果没有对"他者"和自然的关心与关注，总体幸福感根本就毫无价值。"主观生态"可能会被理解为一系列认识动机的简略表达方式，这些认识动机是由社会现代化过程本身所引起的，而在社会现代化过程中，构成魔力三角的个人、社会和自然立即被去传统化，且被用来重塑道德。

那么，什么是团结一致的个人主义？这一社会认知前提长久以来一直存在于主观生态的文化架构中，但是人们很可能会对其在情感和情绪上所锚定的安全感产生怀疑。②

在1993年元月的最后几天，电视观众可以走近德国北部的一个工人家庭，这家人决定为一对陌生的波斯尼亚夫妇尽一次地主之谊。一系列平淡的画面，几乎不带任何评论，只展示了必要的准备工作。这家的大人向孩子们简单地解释了为什么他们想要帮助这两位受到死亡威胁的外国人，还有，为什么这些与成千上万人每天所受到的恐惧相比是微不足道的？当他们最终在小镇车站见面的时候，不仅在场的人，甚至很多观众眼里都饱含着感动的泪水。正是在这样的时刻（长话短说），人类生活的前途和这个美好社会的未来将一片光明。关键不是我们被感动了，而是我们同时摒弃了自己技巧娴熟且矫揉造作的情绪反应。然而，要解释这种行为，就需要一段完全不同的历史了。

---

① 有人照着科拉·斯蒂芬（Cora Stephan, 1993）的文艺风格，轻率地谴责了一种以主观的生态为导向的社会和政治实践，原因无非是"一种对'它怎样影响我'的膜拜"（Betroffenheitskult），忽视了这一事实，即世界上此种形式的说话和行动已经不仅在生活世界的语境，而且在政治上也都恢复了道德话语。

② 汉斯·彼得·德雷策尔（Hans Peter Dreitzel）对"反射性知觉"的可能性条件的探索尝试（1993）为这种语境更精确的定义提供了重要的指导。

参考书目

Adorno, Theodor W. (1986), Minima Moralia: Rejections from Damaged Life [M]. London.

Adorno, Theodor W. (1983), Veblens Attack on Culture [M]. Cambridge, Mass.

Ardrey, Robert (1976), The Hunting Hypothesis [M]. London.

Arens, William (1979), The Man-Eating Myth: Anthropology and Anthropophagy [M]. New York.

Ashley Montagu, M. F. ed. (1972), Man and Aggression [M]. Princeton.

Bahr, Hans-Dieter (1990), Zur Unzeit des Gastes [M] //Tholen and Schall eds., Zeit-Zeichen. Aufschube und Interferenzen zwischen Endzeit und Echtzeit, Basle.

Bahr, Hans-Dieter (1994), Die Sprache des Gastes. Eine Metaethik [M]. Leipzig.

Bataille, Georges (1988) The Accursed Share [M]. New York.

Bataille, Georges (1967), La Part maudite [M]. Paris.

Baudrillard, Jean (1976), L'Echange symbolique et la mort [M]. Paris.

Baudrillard, Jean (1993), Symbolic Exchange and Death [M]. London.

Baudy, Gerhard (1983), Hierarchie oder: Die Verteilung des Fleisches [M]. Gladigow, Burkhard and Kippenberg, Hans eds., Neue Ansiitze in der Religionswissenschaft. Munich.

Beck, Ulrich (1996), The Reinvention of Politics [German orig. 1993] [M]. Cambridge.

Beck, Ulrich (1 992), Risk Society: Towards a New Modernity [M]. London.

Risikogesellschaft: Auf dem Weg in eine andere Moderne [M]. Frankfurt am Main.

Beck, Ulrich (1983) Jenseits von Stand und Klasse? [M] //Kreckel, Reinhard eds. , Soziale Ungleichheiten special issueNo. 2 Soziale We/to Gottingen.

Bellah, Robert N. et al. (1985), Habits of the Heart [M]. Berkeley.

Benedict, Ruth (1935), Patterns of Culture [M]. London.

Benveniste, Emile (1973), Indo-European Language and Society [French orig. 1969] [M]. London.

Berger, Peter A. (1989), Ungleichheitssemantiken. Graduelle Unterschiede und kategoriale Exklusivitaten [J] //Europiiisches Archiv fur Soziologie 30 (I). pp. 48—60.

Berger, Peter A. (1990), Ungleichheitsphasen. Stabilitat und Instabilitat als Aspekte ungleicher Lebenslagen [M]. Berger and Hradil.

Berger, Peter A. and Hradil, Stephaneds. (1990), Lebenslagen, Lebensliiufe, Lebensstile [M]. special issue No. 7 of Soziale Welt, Gottingen.

Berger, Peter A. and Luckmann, Thomas (1971), The Social Construction of Reality [M]. Harmondsworth.

Bergfleth, Gerd (1985), Theorie der Verschwendung. Einfiihrung in Georges Batailles Antiokonomie [M]. Munich.

Berking, Helmuth (1989), Das Ehrenwort [M] //Ebbighausen, Rolf and Neckel, Sighard eds. , Anatomie des politischen Skandals, Frankfurt am Main.

Berking, Helmuth (1989), Kultur-Soziologie: Mode und Methode? [M] //Berking, Helmuth and Faber, Richardeds. , Kultursoziologie-Symptom des Zeitgeistes, Wiirzburg.

Berking, Helmuth (1990), Die neuen Protestbewegungen als zivilisatorische Instanz im Modernisierungsprozeß [M] //Dreitzel, Hans Peter and Stenger, Horst eds. , Ungewollte Selbstzerstorung. Rejiexionen iiber den Umgang mit katastrophischen Entwicklungen. Frankfurt am Main.

Berking, Helmuth and Neckel, Sighard (1986), Der alltagliche Protest gegen das Allgemeine. Über Politik und Lebensstil [J] //Merkur 40: 451 —452. pp. 875—879.

Berking, Helmuth and Neckel, Sighard (1990), Die Politik der Lebensstile in einem Berliner Bezirk. Zu einigen Formen nachtraditionaler Vergemeinschaftung [M]. Berger and Hradil.

Bischof, Rita (1984), Souveranitiit und Subversion. Georges Batailles Theorie der Moderne [M]. Munich.

Blau, Peter (1964), Exchange and Power in Social Life [M]. New York.

Blumenberg, Hans (1985), Work on Myth [M]. Cambridge, Mass.

Borneman, Ernested (1977), Psychoanalyse des Geldes [M]. Frankfurt am Main.

Bourdieu, Pierre (1977), Outline of a Theory of Practice [French orig. 1972] [M]. Cambridge.

Bourdieu, Pierre (1986), Distinction: A Social Critique of the Judgement of Taste [French orig. 1979] [M]. London.

Bourdieu, Pierre (1990), The Logic of Practice [French orig. 1980] [M]. Oxford.

Bremmer, Jan and Roodenberg, Hermaneds (1991), A Cultural History of Gesture [M]. Oxford.

Brumlik, Micha and Brunkhorst, Haukeeds (1993), Gemeinschaft und Gerechtigkeit [M]. Frankfurt am Main.

Burkert, Walter (1972), Homo necans. Intepretationen altgriechischer Opferriten und Mythen [M]. Berlin.

Burkert, Walter (1983), Homo necans. The Anthropology of Ancient Greek Sacrificial Ritualand Myth [M]. Berkeley.

Burkert, Walter (1987), The Problem of Ritual Killing [M] // Hamerton-Kelly, Robert ed. , Violent Origins, Stanford.

Burkert, Walter (1990), Der Mensch der tötel [M] //Ritter,

Henning ed., Werksbesichtigung Geisteswissenchaften, Frankfurt am Main.

Burkert, Walter (1990), Wilde Ursprunge, Berlin.

Camerer, Colin (1988), Gifts as Economic Signals and Social Symbols, American Journal of Sociology, vol. 94, supplement. pp. 180—214.

Cancik-Lindemaier, Hildegard (1990), Eucharistie, [M] //Cancik, Gladigow and Laubscher eds., Handbuch religionswissenschaftlicher Grundbegrif fe, vol. 2, Stuttgart.

Canetti, Elias (1984), Crowds and Power [M]. Harmondsworth.

Caplow, Theodore (1982), Christian Gifts and Kin Networks [J] // American Sociological Review 47 (3). pp. 383—392.

Caplow, Theodore (1984), Rule Enforcement without Visible Means: Christmas Gift-Giving [J] //Middletown, American Journal of Sociology 89 (6). pp. 1306—1323.

Casa, Giovanni Della (1986), Galateo [Ital. orig. 1558] [M]. Toronto.

Castiglione, Baldesar (1976), The Book of the Courtier [Ital. orig. 1528] [M]. Harmondsworth.

Cheal, David (1986), The Social Dimensions of Gift Behavior [J] // Journal of Social and Personal Relationships No. 3. pp. 423—439.

Cheal, David (1987), Showing Them You Love Them: Gift Giving and the Dialectic of Intimacy [J] //The Sociological Review 35 (I). pp. 150 —169.

Cheal, David (1988), The Gift Economy [M]. London.

Clausen, Gisela (1991), Schenken und Unterstützen in Primärbeziehungen [M]. Frankfurt am Main.

Corrigan, Peter (1989), Gender and the Gift: The Case of the Family Clothing Economy [J] //Sociology 23 (4). pp. 513—534.

Davies, Nigel (1981), Human Sacrifice [M]. London.

Derrida, Jacques (1993), Given Time: 1. Counterfeit Money [M]. Chicago.

Detienne, Marcel and Vernant, Jean-Pierreeds (1979), La cuisine du sacrifice en pays grec [M]. Paris.

Douglas, Mary (1970), Purity and Danger [M]. Harmondsworth.

Douglas, Mary and Isherwood, Baron (1979), The World of Goods [M]. New York.

Dreitzel, Hans-Peter (1983), Peinliche Situationen [M] //Baethge and Ebach eds., Soziologie: Entdeckungen im Alltäglichen, Frankfurt am Main.

Dreitzel, Hans-Peter (1993), Reflexive Sinnlichkeit [M]. Cologne.

Dubiel, Helmut (1991), Die Ökologie der gesellschaflichen Moral [M] //Miiller-Doohrn, Stefan ed., Jenseits der Utopie, Frankfurt am Main.

Dumont, Louis (1986), Essays on Individualism: Modern Ideology in Anthropological Perspective [French orig. 1983] [M]. Chicago.

Durkheim, Emile (1964), The Division of Labour in Society [French orig. 1893] [M]. London.

Durkheim, Emile (1995), The Elementary Forms of Religious Life [French orig. 1912] [M]. New York.

Eder, Klaused (1973), Seminar: Die Entstehung von Klassengesellschaften [M]. Frankfurt am Main.

Eder, Klaus (1976), Die Entstehung staatlich organisierter Gesellschaften [M]. Frankfurt am Main.

Eibl-Eibesfeld, Irenäus (1971), Liebe und Hab. Zur Naturgeschichte elementarer Verhaltensweisen [M]. Munich.

Eibl-Eibesfeld, Irenaus (1984), Krieg und Frieden aus der Sicht der Verhaltensforschung, 2nd edn [M]. Munich.

Elias, Norbert (1983), The Court Society [German orig. 1969 and 1975] [M]. Oxford.

Elias, Norbert (1994), The Civilizing Process [German orig. 1939] [M]. Oxford 1994.

Elwert, Georg (1991), Gabe, Reziprozität und Warentausch. Uberlegungen zu emlgen Ausdriicken und Begriffen [M]. // Berg, Eberhard, Lauth, Jutta and Wimmer, Andreas eds., Ethnologie im

Widerstreit, Munich.

Erasmus of Rotterdam（1947），Gasthauser, in Vertraute Gespriiche [orig. 1518] [M]. ed. by Hubert Schiel, Cologne.

Ewen, Stuart (1988), All Consuming Images: The Politics of Style in Contemporary Culture [M]. New York.

Faber, Richard（1993），Politische Weihnachten. Vortrag auf der Tagung Politische Symbolikder Arbeitsgruppe: Soziologie politischen Handelns vom 12—14 Februar in Dresden.

Featherstone, Mike (1990), Perspectives in Consumer Culture [J] // Sociology 24 (1). pp. 5—22.

Fiddes, Nick (1991), Meat: A Natural Symbol, London.

Finkelstein, Joanne（1989），Dining Out: A Sociology of Modern Manners [J]. Oxford.

Firth, Raymond (1959), Economics of the New Zealand Maori, 2nd edn [M]. Wellington.

Gedike, Friedrich (1784), Über den Ursprung der Weihnachtsgeschenke [J] //Berlinische Monatsschrift 3. pp. 73—87.

Giddens, Anthony（1991），Modernity and Self-Identity. Self and Society in the Late Modern Age [M]. Oxford.

Girard, Rene (1977), Violence and the Sacred [French orig. 1972] [M]. Baltimore.

Girard, Rene (1987), Generative Scapegoating, in Hamerton-Kelly, Robert, Violent Origins [M]. Stanford.

Gladigow, Burkhard（1984），Die Teilung des Opfers. Zur Interpretation von Opfern in vorund friihgeschichtlichen Epochen [J] // Fruhmittelalterliche Studien, vol. 18. pp. 19—43.

Gladigow, Burkhard（1986），Homo publice necans. Kulturelle Bedingungen kollektiven Tötens [M] //Saeculum. lahrbuch für Universalgeschichte, vol. 37. pp. 150—165.

Godelier, Maurice（1977），Myth and History: Reflections on the Foundations of the Primitive Mind, in idem, Perspectives in Marxist Anthropology, Cambridge.

Goffman, Erving (1972), Interaction Ritual [M]. Harmondsworth.

Goffman, Erving (1972), Relations in Public [M]. Harmondsworth.

Gouldner, Alvin W. (1975), The Importance of Something for Nothing [M] //For Sociology: Renewal and Critique in Sociology Today, Harmondsworth.

Gouldner, Alvin W. (1975), The Norm of Reciprocity: A Preliminary Statement [M] //For Sociology: Renewal and Critique in Sociology Today, Harmondsworth.

Grimm, Jakob (1865), Über Schenken und Geben [M] //Kleinere Schriften, vol. 2, Berlin.

Grimm, Jakob and Grimm, Wilhelm (1862), Deutsches Worterbuch [M]. Leipzig.

Habermas, Jürgen (1987), The Philosophical Discourse of Modernity [German orig. 1985] [M]. Cambridge.

Habermas, Jürgen (1989), Volkssouveranitat als Verfahren. Ein normativer Begriff von Offentiichkeit [J] //Merkur 43 (5). pp. 465—477.

Habermas, Jürgen (1991), Theory of Communicative Action [German orig. 1981] [M]. Cambridge.

Habermas, Jürgen (1992), The Structural Trans formation of the Public Sphere [German orig. 1962] [M]. Cambridge.

Haferland, Harald (1988), Höfische Interaktion. Interpretationen zur ho fischen Epik und Didaktik urn 1200 [M]. Munich.

Hamerton-Kelly, Roberted (1987), Violent Origins: Walter Burkert, Rene Girard and Jonathan Smith on Ritual Killing and Cultural Formation [M]. Stanford.

Hannig, Jürgen (1986), Ars donandi. Zur Ökonomie des Schenkens im friihen Mittelalter [M] //Geschichte in Wissenschaft und Unterricht, vol. 3. pp. 149—162.

Harner, Michael (1977), The Ecological Basis for Aztec Sacrifice [J] //American Ethnologist, I.

Harris, Marvin (1977), Cannibals and Kings: The Origins of Culture [M]. New York.

Hauck, Karled. (1984), Fruhmittelalterliche Studien, vol. 18 [M].
New York.

Hauck, Karl (1950), Rituelle Speisegemeinschaften im 10. und I I .
Jahrhundert [M] //Studium Generale, 3, pp. 611 −621.

Haug, Walter and Warning, Rainered. (1989), Das Fest. Poetik und
Hermeneutik XIV [M]. Munich.

Heller, Agnes (1982), Renaissance Man [Hungarian orig. 1967]
[M]. London.

Hiltbrunner, Otto (1983), Gastfreundschaft und Gasthaus in der
Antike [M] //Peyer, Hans

Conraded., Gastfreundschaft, Taverne und Gasthaus im Miltelalter,
Munich. Hitzler, Ronald (1991), Der banale Proteus. Eine postmoderne
Metapher? [M] //Kuzmics, Helmut and Mörth, Ingoeds., Der unendliche
Proze/3 der Zivilisation. Zur Kultursoziologieder Moderne nach Norbert
Elias [M]. Frankfurt am Main.

Hitzler, Ronald (1993), Sinnbasteln. Zur subjektiven Aneignung von
Lebensstilen [M] //Morth, Ingo and Frohlich, Gerted., Kultur und
soziale Ungleichheit, Frankfurt am Main.

Hobbes, Thomas (1968), Leviathan [first published 1651] [M].
Harmondsworth.

Hochschild, Arlie (1983), The Managed Heart: Commercialization of
Human Feelings [M]. Berkeley.

Hoheisel, Karl (1984), Die Auslegung alttestamentlicher Opferzeugnisse im
Neuen Testament und in der friihen Kirche [J] //Frühmittelalterliche Studien,
vol. 18.

Homans, George (1961), Social Behavior: Its Elementary Forms
[M]. New York.

Honneth, Axel (1992), Die Herausforderung des Kommunitarismus
[M] //Zahlmann, Christel ed., Kommunitarismus in der Diskussion,
Berlin.

Honneth, Axel ed. (1993), Kommunilarismus. Eine Debatte über die
moralischen Grundlagen moderner Gesellschaften [M]. Frankfurt am

Main.

Honneth, Axel, (1995), The Struggle for Recognition [German orig. 1992] [M]. Cambridge.

Honneth, Axel and Joas, Hans (1980), Soziales Handeln und menschliche Natur [M]. Frankfurt am Main.

Horkheimer, Max and Adorno, Theodor (1979), Dialectic of Enlightenment [German orig. 1947] [M]. London.

Hörning, Karl H. and Michailow, Matthias (1990), Lebensstil als Vergesellschaftungsform [M]. Berger

Huizinga, Johann (1970), Homo Ludens: A Study of the Play Element in Culture [German orig. 1938] [M]. London.

Hunt, Morton (1992), Die Rätsel der Nächstenliebe [M]. Frankfurt am Main.

Jaeggi, Urs (1976), Theoretische Praxis. Probleme eines strukturalen Marxismus [M]. Frankfurt am Main.

Jankuhn, Herbert ed. (1970), Vorgeschichtliche Heiligtumer und Opferpliitze in Mittel-und Nordeuropa [M]. Gottingen.

Jensen, Adolf E. (1939), Hainuwele. Volkserzählungen von der Molukken-Insel Ceram [M]. Frankfurt am Main.

Jensen, Adolf E. (1966), Die getotete Gottheit. Weltbild einer frühen Kultur [M]. Frankfurt am Main.

Kant, Immanuel (1964), The Doctrine of Virtue [part two of Metaphysik der Sitten, first published in 1797] [M]. New York.

Kant, Immanuel (1978), Anthropology from a Pragmatic Point of View [German orig. 1798] [M]. London.

Kerenyi, Karl (1944), Hermes der Seelenfiihrer. Das Mythologem vom miinnlichen Lebensursprung [M]. Zurich.

Kerntke, Wilfried (1987), Taverne und Markt. Ein Beitrag zur Stadtgeschichtsforschung [M]. Frankfurt am Main.

Kluge, Friedrich and Gotze, Alfred (1951), Etymologisches Wörterbuch der deutschen Sprache, 15th edn [M]. Berlin.

Knigge, Von Adolph Freiherr (1977), Ober den Umgang mit

Menschen [first published 1 788] [M]. Frankfurt am Main.

Korff, Wilhelm (1966), Ehre, Prestige, Gewissen [M]. Cologne.

Kurnitzky, Horst (1974), Triebstruktur des Geldes. Ein Beitrag zur Theorie der Weiblichkeit [M]. Berlin.

Laum, Bernhard (1924), Heilges Geld [M]. Tiibingen.

Laum, Bernhard (1960), Schenkende Wirtschaft [M]. Frankfurt am Main.

Lepenies, Wolf and Ritter, Hans Henningeds(1970), Orte des wilden Denkens [M]. Frankfurt am Main.

Levi-Strauss, Claude (1969), The Elementary Structures of Kinship [French orig. 1949] [M]. London.

Levi-Strauss, Claude (1978), The Origin of Table Manners [French orig. 1968] [M]. London.

Levi-Strauss, Claude (1987), Introduction to the Work of Marcel Mauss [French orig. 1950] [M]. London.

Lorenz, Konrad (1967), On Aggression [M]. London.

Lüdtke, Hartmut (1989), Expressive Ungleichheit. Zur Soziologie der Lebensstile [M]. Opladen.

Lüschen, Giinther et al. (1972), Family, Ritual and Secularization [J] // Journal of Comparative Family Studies 3.

Maffesoli, Michel (1986), Der Schatten des Dionysos. Zu einer Soziologie des Orgiasmus [M]. Frankfurt am Main.

Mahnkopf, Birgit (1992), Zur Bedeutung reziproker Beziehungsnetzwerke in modernen Marktgesellschaften, unpublished postdoctoral thesis [D]. Free University of Berlin.

Mantey, Karl Georg (1963), Shakespeares letzter tragischer Held [M]. Berlin.

Marx, Karl (1975), Economic and Philosophical Manuscripts (1844), in Early Writings [M]. London.

Marx, Karl (1976), Capital: Volume One [German orig. 1867] [M]. Berlin.

Mauss, Marcel (1966), Essai sur les variations saisonnières des sociétés eskimos. Etude de morphologie sociale ［M］//Sociologie et Anthropologie，Paris.

Mauss，Marcel (l966)，Une catégorie de Iesprit humain. La notion de personne，celle de "moi" ［M］//Sociologie et Anthropologie，Paris.

Mauss，Marcel (1966)，Les techniques du corps ［M］//Sociologie et Anthropologie，Paris.

Mauss，Marcel (1990)，The Gift：The Form and Reason for Exchange in Archaic Societies ［French orig. 1925］［M］. London.

Meuli，Karl (1975)，Griechische Opferbräuche (1946)［M］// Gesammelte Schriften，vol. 2，Basle.

Meyer，Richard (1898)，Zur Geschichte des Schenkens ［J］// Zeitschrift fur Kulturgeschichte 4 (5).

Michailow，Matthias (1993)，Lebensstilsemantik. Soziale Ungleichheit und Formationsbildung in der KuIturgesellschaft ［M］//Mörth，Ingo and Frohlich，Gerhard eds.，Kultur und soziale Ungleichheit. Zur Kultursoziologie der Moderne nach Pierre Bourdieu，Frankfurt am Main.

Moebus，Joachim (1989)，Der Allgemeine Zuschauer. Uber Habitus und Figur des Zuschauers：Der "Spectator" von Joseph Addison und Richard Steel und die Herausbildung Moralischer Öffentiichkei ［J］//Archiv für Kulturgeschichte 71 (1). pp. 129－175.

Montesquieu，Charles Louis de Secondat，Baron de (1949)，The Spirit of the Laws ［French orig. 1748］［M］. New York.

Morris，Desmond (1967)，The Naked Ape ［M］. London.

Morris，Desmond，Collet，Peter，Marsh，Peter and OShaughnessy，Mary (1979)，Gestures：Their Origins and Distribution ［M］. London.

Müller，Hans Peter (1989)，Lebensstile ［J］//Köiner Zeitschriftfur Soziologie und Sozialpsychologie I . pp. 53－71 .

Müller，Rudolf Wolfgang (1977)，Geld und Geist. Zur Enstehungsgeschichte von Identitätsbewubtsein und Rationalitat seit der Antike ［M］. Frankfurt am Main.

Neckel，Sighard (1989)，Individualisierung und Theorie der Klassen. Zwischenbetrachtungenim Paradigmastreit ［J］//Prokla 76 (3).

Neckel, Sighard (1991), Status und Scham. Zur symbolischen Reproduktion sozialer Ungleichheit [M]. Frankfurt am Main.

Nietzsche, Friedrich (1956), The Genealogy of Morals [German orig. 1887] [M]. New York.

Oexle, Otto Gerhard (1984), Mahl und Spende im mittelalterlichen Totenkult [M] //Frühmittelalterliche Studien, vol. 18. pp. 401—420.

Oldenstein, Jürgen (1984), Opferplätze auf provinzialrömischen Gebiet [M] //Frühmittelalterliche Studien, vol. 18.

Pannenberg, Wolfhart (1989), Mythos und Dogma im Weihnachtsfest, in Haug, Walter and Warning, Rainer eds [M] //Das Fest. Poetik und Herkemeutik XIV, Munich.

Parkin, Frank (1983), Strategien sozialer Schliebung und Klassenbildung [M] //Kreckel, Reinharded., Soziale Ungleichheiten, special issue no. 2 of Soziale Welt.

Peyer, Hans Conrad (1987), Von der Gast freundschaft zum Gasthaus. Studien zur Gastlichkeit im Mittelalter [M]. Hanover.

Pitt-Rivers, Julian (1977), The Law of Hospitality, in The Fate of Shechem: Essays in the Anthropology of the Mediterranean [M]. Cambridge.

Plack, A. (1973), Der Mythos vom Aggressionstrieb [M]. Munich.

Plessner, Helmuth (1924), Grenzen der Gemeinschaft, 2nd. edn [M]. Bonn.

Plessner, Helmuth (1970), Philosophische Anthropologie [M]. Frankfurt am Main.

Ranke-Graves, Robert von (1984), Griechische Mythologie. Quellen und Deutung [M]. Reinbek.

Reverdin, Olivier and Grange, Bernardeds. (1981), Le sacrifice dans I Antiquite [M]. Geneva.

Riches, David (1981), The Obligation to Give: An Interactional Sketch [M] //Holy, Ladislav and Stuchlik, Milaneds., The Structure of Folk Models, London.

Rost, Friedrich (1989), Schenken als Verlieren, in Lenzen, Dietered.,

Melancholie als Lebensform [M]. Berlin.

Rumohr, Carl F. (1834), Schule der Höflichkeit [M]. Berlin.

Sahle, Rita (1987), Gabe, Almosen, Hilfe [M]. Opladen.

Sahlins, Marshall (1972), Stone Age Economics [M]. Chicago.

Sartre, Jean-Paul (1957), Being and Nothingness [French orig. 1943] [M]. London.

Schindler, Norbert (1985), Jenseits des Zwangs? Zur Okonomie des Kulturellen inner-und au13erhalb der biirgerlichen Gesellschaft [J] // Zeitschrift fur Volkskunde 2. pp. 192—219.

Schleiermacher, Friedrich (1890), Christmas Eve: A Dialogue on the Celebration of Christmas [German orig. 1806] [M]. Edinburgh.

Schmugge, Ludwig (1983), Zu den Anfangen des organisierten Pilgerverkehrs und zur Unterbringung und Verpftegung von Pilgern im Mittelalter [M] //Peyer, Hans Conrad ed. , Gastfreundschaft, Taverne und Gasthaus im Mittelalter, Munich.

Schuler, Thomas (1983), Gastlichkeit in karolingischen Benediktinerklostern [M] //Peyer, Hans Conrad ed. , Gastfreundschaft, Taverne und Gasthaus im Mittlealter, Munich.

Schwartz, Barry (1967), The Social Psychology of the Gift [J] // American Journal of Sociology 73 (1). pp. I — I I .

Serres, Michel (1980), Le parasite [M]. Paris.

Simmel, Georg (1 958), Soziologie. Untersuchungen uber die Formen der Vergesellschaftung, 4ᵗʰ edn [M]. Berlin.

Simmel, Georg (1964), The Stranger [M] //The Sociology of Georg Simmel, New York.

Smith, Adam (1961), The Wealth of Nations [first published 1776], vol. I [M]. London.

Smith, Adam (1976), The Theory of Moral Sentiments [first published 1759] [M]. Indianapolis.

Soeffner, Hans Georg (1986), Stil und Stilisierung [M] // Gumbrecht, Hans Ulrich and Pfeiffer, K. Ludwigeds. , Stil. Geschichten und Funktionen eines kulturwissenschaftlichen Diskurselements, Frankfurt am Main.

Soeffner, Hans Georg (1992), Luther-Der Weg von der Kollektivitlit des Glaubens zu einem lutherisch-protestantischen Individualitlitstypus [J] //idem, Die Ordnung der Rituale, vol. 2, Frankfurt am Main.

Sohn－Rethel, Alfred (1972), Geistige und körperliche Arbeit [M]. Frankfurt am Main.

Sombart, Werner (1982), Liebe, Luxus und Kapitalismus. Über die Entstehung der modernen Welt aus dem Geist der Verschwendung [first published 1913] [M]. Berlin.

Stentzler, Friedrich (1979), Versuch uber den Tausch [M]. Berlin.

Stephan, Cora (1993), Der Betroffenheitskult [M]. Reinbek.

Suntrup, Rudolf (1984), Priifigurationendes MeJ30pfers in Text und Bild [J] //Fruhmittelalterliche Studien, vol. 18.

Szabó, Thomas (1983), Xenodochia, Hospitiiler und Herbergen － Kirchliche und kommerzielle Gastung im mittelalterlichen Italien [M] // Peyer, Hans Conrad ed., Gastfreundschaft, Taverne und Gasthaus im Mittlealter [M]. Munich.

Thompson, Edward P. (1971), The Moral Economy of the English Crowd in the XVIIIth Century [J] //Past and Present No. 50.

Thomson, George (1954), The Prehistoric Aegean [M]. London.

Thomson, George (1961), The First Philosophers [M]. London.

Titmus, Richard M. (1971), The Gift Relationship. From Human Blood to Social Policy [M]. New York.

Trilling, Lionel (1972), Sincerity and Authenticity [M]. London.

Turner, Victor (1969), The Ritual Process: Structure and Anti-Structure [M]. Chicago.

Turner, Victor (1982), From Ritual to Theatre: The Human Seriousness of Play [M]. New York.

Tylor, Edward B. (1871), Primitive Culture: Researches into the Development of Mythology [J] //Philosophy, Religion, Art and Custom, 2 vols. London.

Van Gennep, Arnold (1960), The Rites of Passage [French orig.

1909] [M]. London.

Veblen, Thorstein (1970), The Theory of the Leisure Class [first published 1 899] [M]. London.

Veyne, Paul (1992), Bread and Circuses [French orig. 1976] [M]. London.

Weber, Max (1976), The Protestant Ethic and the Spirit of Capitalism [German orig. 1904—1905] [M]. New York.

Weber, Max (1978), Economy and Society, vol. 2 [German orig. 1922] [M]. Berkeley.

Weber-Kellermann, Ingeborg (1968), Über den Brauch des Schenkens [M] //Volksuberlief erung. Festschrift fur K. Ranke.

Wehowsky, Andreas (1977), Unsbeweglicher machen als wir sind-Überlegungen zu Norbert Elias [J] //Ästhetik und Kommunikation 8 (30).

Wiedemann, Rainer (1991), Ritual und Sinntransformation [M] // Ein Beitrag zur Semiotik soziokultureller Interpretationsprozesse, Berlin.

Wuthnow, Robert (1992), Acts of Compassion: Caring for Others and Helping Ourselves [M]. Princeton.

Zahlmann, Christeled (1992), Kommunitarismus in der Diskussion [M]. Berlin.

Ziehe, Thomas (1989), Die unablässige Suche nach Nähe und Gewibheit. Kulturelle Modernisierung und subjektive Entzugerscheinungen [J] //Ästhetik und Kommunikation 18 (70—71). pp. 19—24.

Ziehe, Thomas (1992), Unspektakuläre Zivilisierungsgewinne. Auch Individualisierung kann "kommunitiir" sein [M] //Zahlmann, Christel ed. , Kommunitarismus in der Diskussion, Berlin.

Zunkel, Friedrich (1975), Ehre, Reputation [M] // BrunnerConze and Koselleck eds. , Geschichtliche Grundbegrif fe, vol. 2, Stuttgart.